Wie benützt man diesen Marienkalender?

Wie wohltuend ist es, in Vertrautheit mit der Frau zu leben, die uns zur Welt gebracht hat, mit unserer irdischen Mutter! Maria, unsere himmlische Mutter, bietet uns dieselbe Vertrautheit an. Es liegt nur an uns, uns auf diese Vertrautheit einzulassen oder uns noch tiefer in sie hineinzubegeben. Es gibt mehrere Arten, dies zu tun. Eine davon besteht darin, in die Schule der Botschaften Mariens zu gehen. Dies ist eine bevorzugte Weise, die Vertrautheit mit Maria zu vertiefen.

Wie aber soll man diese Botschaften mit dem Herzen aufnehmen?

Gewiß, sie sind zunächst an die Seher von Medjugorje gerichtet, sie sind für die dortige Pfarrgemeinde. Aber sie sind nicht allein dieser so erstaunlichen Bevölkerung der Herzegowina vorbehalten. Maria bittet inständig darum, daß ihre Botschaften in der ganzen Welt verbreitet werden.

Maria, die Mutter aller

Was heißt das? Maria ist die Mutter aller kraft des Willens Jesu, den er am Kreuz zum Ausdruck brachte,

Inhaltsverzeichnis

kurz bevor er starb. Es ist die letzte Liebestat des Heilands, des Sohnes Gottes, des Sohnes Mariens. Der Evangelist berichtet von diesem so unschätzbaren Geschenk in diesem für ihn und seine Mutter unendlich schmerzlichen Augenblick, in dem er sie durch die Person des Johannes zur Mutter aller Menschen einsetzt. Die Mutterschaft Mariens wird bezeugt und verdichtet sich in einem ganz kleinen Wort: «Als Jesus seine Mutter sah und bei ihr den Jünger, den er liebte, sagte er zu der Mutter: Frau, siehe, dein Sohn!» (Joh 19, 26).

Der griechische Text ist unmißverständlich, er verwendet sehr wohl den Artikel, nicht das Possessivpronomen, wie es in den zwei vorausgehenden Versen zweimal der Fall ist. «Die» Mutter, das läßt deutlich die Mutterschaft für alle erkennen. Dieser Artikel «die» muß dem Herzen jedes Katholiken teuer sein und besonders jenen, die sich Jesus in den Fußstapfen Mariens nähern. Leider sind die meisten Übersetzungen ungenau. Fast alle schreiben: «Er sagte zu seiner Mutter...» Läßt sich aber nicht die ganze Marienfrömmigkeit in diesem kleinen Wort zusammenfassen?

Infolgedessen wendet sich Maria in ihren Botschaften an die Gesamtheit ihrer Kinder, und zwar durch eine Pfarrgemeinde hindurch. Und an jedes ihrer Kinder wendet sie sich einzeln, ganz persönlich. Wie eine Mutter, die zu allen ihren Kindern und gleichzeitig zu jedem einzelnen gesondert spricht. Maria liebt jeden einzelnen von uns mit derselben Liebe, was für Tugenden oder Fehler wir auch haben mögen. Der Schwächere hat einfach mehr Anspruch auf Güte und Verständnis. Er braucht beides so sehr! Diese Atmosphäre mütterlicher Liebe, die ihn umhüllt, begünstigt und beschleunigt seine Rückkehr in den «Schoß der Familie».

Ja, ganz gewiß, in jeder Botschaft spricht Maria zu jedem von uns persönlich in aller Vertrautheit. Wie zu den Sehern.

Wenn wir davon überzeugt sind, mit wieviel innerer Bewegung und Aufmerksamkeit werden wir dann einmal am Tag auf Mariens Botschaft hören! Wir werden mit dem Herzen hören. Und so wird jedesmal eine wertvolle Gebetsweise daraus entstehen. Diejenige, die Maria am liebsten ist: das Gebet mit dem Herzen. «Arbeiten wir von innen heraus; das wichtigste unserer Werke ist das Werk des Herzens», sagte die selige Anne-Marie Rivier.

Daher ist es entscheidend, daß man eine Haltung einnimmt und eine Umgebung schafft, die das Gebet fördern. Erlauben Sie mir, Ihnen dazu in aller Demut einige brüderliche Ratschläge zu erteilen:

Acht Ratschläge für den geistigen Fortschritt

1) Wählen Sie eine bestimmte Tageszeit, zu der Sie sich eine Viertelstunde oder weniger sammeln und in das Schweigen eintauchen können. Lärm, Aufregung, Hetze, Unruhe und Ärger bedeuten Störungen und Hindernisse für das Gebet. Der Herr spricht zu uns im «sanften Säuseln», wie es beim Propheten Elia der Fall war. Nur um diesen Preis ist Sammlung möglich.

Ob Sie diese Zeit allein, in der Familie oder in einer Gruppe verbringen, an der Forderung nach innerer und äußerer Ruhe ändert sich deshalb nichts.

2) Lesen Sie die Tagesbotschaft. Lesen Sie langsam. Nehmen Sie jedes Wort in sich auf. Lassen Sie sich davon durchdringen.

3) Empfangen Sie die Botschaft vor dem Hintergrund Ihres konkreten Alltags, indem Sie sich fragen: Was bedeuten diese Worte für mein Leben? Wie kann ich sie in meine eigene Existenz umsetzen?

Fassen sie in einem bestimmten Punkt einen Vorsatz. Verlangen Sie nur das von sich, was Sie auch wirklich halten können. Maria kennt Ihre Grenzen. Wovon sie berührt wird, das ist Ihre seelische Verfassung, Ihr Liebeseifer, Ihr geistiger Fortschritt, so gering er auch sein mag.

Wenn Sie aus dem einen oder andern Grund aufhören, einen Vorsatz durchzuhalten, dann beunruhigen Sie sich nicht. Wenn ein guter Grund vorliegt, denken Sie nicht weiter daran. Wenn es aus Schwäche geschieht, schöpfen Sie im Gebet neue Kraft und fangen Sie frohen Mutes wieder an. Der Himmel ist barmherzig. Wenn nur die Liebe in Ihnen unversehrt bleibt.

In mehreren Botschaften trägt Maria Bitten vor, die uns auf den ersten Blick ziemlich schwer erscheinen: Drei Stunden Gebet pro Tag, die fünfzehn Gesätze des Rosenkranzes... Diese dringenden Ratschläge sind in allererster Linie an die Gebetsgruppen von Medjugorje gerichtet. Die Mitglieder dieser Gebetsgruppen haben sich mit vollem Bedacht darauf eingelassen.

Bei genauerem Hinsehen jedoch ist dieses Ziel für jedermann erreichbar. Drei Stunden: ein Achtel des Tages.

Ein Gebet, das so vielfältig ist wie die Blumen

Was heißt nun letztenendes «beten»? Maria sagt es uns: «Sich mit Gott unterhalten.» Und Gott ist Vater. Vater und Mutter, sagte Johannes Paul I.

Diese Unterhaltung mit dem geliebten Vater im Himmel kann auf mehrere Weisen vor sich gehen. In der Teilnahme an der Eucharistie, «der höchsten Form des Gebets». Oder auch im Sprechen von vorformulierten Texten: Vaterunser, Gegrüßet seist du Maria, Glaubensbekenntnis, die Psalmen... Oder im Lesen der Heiligen Schrift, die Gottes Wort ist...

Und es ist auch — was oft vergessen wird — ein Sprechen mit Gott, so wie ein Kind mit seinem Vater und seiner Mutter spricht. Mit großem Vertrauen und in völliger Hingabe. Und was sollen Sie Ihm sagen? Ihre Freude und Ihren Kummer, Ihre Hoffnungen und Enttäuschungen, kurz, Ihr Leben, so wie es ist. Vor allem sollen Sie Ihm auch sagen, daß Sie Ihn lieben. Nichts könnte sein Vaterherz mehr berühren. Gott ist Liebe. Und in der Liebe ist alles sehr einfach. Nur wir verkomplizieren alles.

Loben Sie Ihn: «Wie schön sind deine Werke, o Herr!» Singen Sie sein Lob auf alle Arten und Weisen, die der Heilige Geist oder Ihr Herz Ihnen eingeben. Gehen Sie in Ihrem Lobpreis aus von einem Sonnenstrahl, einer schönen Landschaft, einer schönen Blume, einer saftigen Frucht, einem erwiderten Lächeln... Danken Sie Ihm auch für all seine Wohltaten. In Ihrem Leben, für die Kirche, Ihre Familie, Ihre Stadt, Ihr Land, die ganze Welt. Und schließlich sollen Sie auch bitten! Jesus ist Ihr Freund. Mit seinem Vater zusammen wohnt Er in Ihnen: «Der Herr will aus Ihrem Herzen sein Haus in Nazareth machen; ein Haus des Gebetes, der Stille, der Sammlung» (selige Anne-Marie Rivier).

4) Dieser vielfältige Austausch mit Gott kann zu jeder Zeit stattfinden. Man braucht dazu nicht in einer

Kirche oder in der Stille des eigenen Zimmers zu sein. Möchten Sie dazu ein Beispiel unter vielen?

Sie sind gerade bei der Arbeit. Und dabei wenden Sie sich in einem Aufschwung inniger Liebe an den Herrn. Sie sagen Ihm, daß Sie Ihm die vor Ihnen liegende Stunde ganz schenken. Und dann streben Sie danach, sich während dieser Stunde bewußt mit Ihm zu vereinigen. Sie versetzen sich «fortwährend in eine von Gebet durchdrungene seelische Verfassung» (Maria in Medjugorje). Dies zieht Konsequenzen nach sich: Sie werden nach den Ratschlägen des Evangeliums Ihre Arbeit bestmöglich erledigen. Mehr als zu anderen Zeiten haben Sie Christus angezogen. Sie strahlen Ihn aus auf die Menschen Ihrer Umgebung, wer immer diese auch sein mögen. Von Zeit zu Zeit sagen Sie in einem Aufschwung des Herzens: «Herr, ich liebe dich.» Seien Sie überzeugt, daß Sie während dieser Stunde im Gebet waren. Und so üben Sie sich Stunde um Stunde allmählich in das ein, was der Apostel Paulus von uns verlangt: «Betet ohne Unterlaß.» «Drei Stunden» Gebet pro Tag, das heißt nicht unbedingt drei Stunden lang Gebete hersagen, sondern es ist auch den ganzen Tag über die bewußte, entschiedene, glühende Vereinigung mit Gott in Zeiträumen verschiedener Länge.

Alles in allem gilt, daß der dringende Ratschlag des Apostels, «ohne Unterlaß zu beten», von jeder Seele, die sich gern in der Gegenwart Gottes aufhält, in die Praxis umgesetzt werden kann. Wenn Sie am Morgen Ihm Ihren Tag weihen, so wird jeder Augenblick dieses Tages sich in Gebet verwandeln. Unter der Voraussetzung, daß Sie jede Ihrer Aufgaben so vollkommen wie möglich erfüllen.

Diese Form des immerwährenden Gebets darf uns jedoch nicht dazu verleiten, das in Worten formulierte Gebet zu vernachlässigen (am Morgen, am Abend, bei den Mahlzeiten, beim Engel des Herrn, beim Rosenkranz...) «Was ich will», sagt unsere geliebte Mutter, «das ist, euch zu einer tiefen Sehnsucht nach Gott zu führen, zu einer beständigen Sehnsucht nach Gott!»

5) In eben diesem Geist lesen Sie dann die Botschaft. Bleiben Sie danach einen Augenblick gesammelt in der Betrachtung. Beten Sie ein Gesätz des Rosenkranzes. Lesen Sie langsam einen kurzen Abschnitt aus der Heiligen Schrift. Fassen Sie einen einfachen Vorsatz oder überprüfen Sie jene, die Sie bereits gefaßt haben. Anschließend nehmen Sie Ihre gewohnten Beschäftigungen wieder auf, die jetzt wie in Licht getaucht sind.

6) Wann soll man die Tagesbotschaft lesen? Zu jedem gelegenen Zeitpunkt des Tages. Der frühe Morgen ist besonders dazu geeignet. Die Worte werden dann den ganzen Tag über in Ihnen nachklingen. Der Abend ist ebenfalls geeignet; sie werden während der ganzen Nacht in Ihnen weiterschwingen. Wenn Sie das große Glück haben, jeden Tag an der Eucharistiefeier teilzunehmen, so wird die knappe Viertelstunde, die Sie der Botschaft Mariens widmen, während der Danksagung nach der Messe Ihnen helfen, Ihren stillen Austausch mit Jesus durch die Worte seiner Mutter zu speisen. Tun Sie, was Ihnen möglich ist. Es gibt keine starre Regel. Wesentlich ist nur, daß Sie in der erforderlichen inneren Verfassung sind.

7) Was Sie absolut vermeiden sollten, ist eine schnelle, oberflächliche Lektüre. Wenn Sie keine Zeit haben, dann lassen Sie den Marienkalender und die

Botschaft des Tages besser beiseite, bevor Sie unachtsam damit umgehen.

Ebenso sollten Sie niemals mehrere Botschaften auf einmal lesen. Die heilige Jungfrau gibt in Medjugorje jedesmal nur eine Botschaft. Wenn Sie die Botschaften in einem Zug hintereinander lesen, werden Sie ihren Sinn völlig verfehlen. Das wäre genau genommen ein Akt mangelnder Ehrerbietung. Lassen Sie sich wirklich 365 Tage Zeit, um alle Botschaften durchzunehmen.

Im «Gnadenstand der Novene»

8) Gehen Sie während der Novenen auf dieselbe Weise vor. Behalten Sie nur an jedem Tag der Novene das Fest im Auge, auf das die neun Botschaften — oder Evangelientexte — Sie vorbereiten. Lesen Sie, wenn möglich, den einen oder anderen Text aus der Liturgie des Festes (Evangelium, Lesung, Tagesgebete...).

Eine Gebetsnovene birgt eine wunderbare Kraft des Lobpreises und der Fürbitte in sich. Die Großen des geistigen Lebens haben in der Vergangenheit diese Frömmigkeitsübung bevorzugt. Letztenendes bedeutet sie, daß man seine Aufmerksamkeit neun Tage lang auf ein bestimmtes Ziel richtet. Sie geht oft mit einer klar formulierten Bitte einher. Neun Tage lang versetzt man sich in den «Gnadenstand der Novene». Damit ist nicht nur die knappe Viertelstunde gemeint, die man der Botschaft widmet, man ist vielmehr beständig vom Geist der Novene durchdrungen. Wie die Sonne eine Landschaft, so erleuchtet die Erwartung des Osterfestes, des Weihnachtsfestes oder der Heimsuchung Mariä unaufhörlich unser Herz. Von morgens bis abends taucht das Bild des Festes, das die Novene abschließen wird, immer wieder aus der Tiefe unseres Wesens auf und erweckt dankbare Freude. Ein wenig wie früher jene kurzen und spontanen Anrufungen, die sogenannten «Stoßgebete». Wenn diese inneren Aufschwünge so, wie die Frühlingssonne eine Landschaft erhellt, alle Dinge verklären, dann werden sie den ganzen Tag über für Sie zu einer Gnadenquelle. Eine so gelebte Novene bedeutet einen Reichtum. Zudem bringen Sie Maria ein schönes Geschenk dar, das für diese bewundernswerte Mutter, die so oft von ihren Kindern verletzt wird, Grund zur Freude ist. Es bleibt noch anzumerken, daß gewisse Botschaften mehrmals vorkommen. Dies geschieht mit Rücksicht auf ihre Bedeutung oder auf ihren engen Zusammenhang mit einer andern Botschaft oder mit Rücksicht auf das Fest des Tages.

Erinnern Sie sich zum Schluß an die Worte der Seherin Maria: «Ah! wenn Sie hören würden, wie sie sagt: "Betet", so wären Sie davon erschüttert!» Wenn wir Tag für Tag die vorgesehene Botschaft lesen, so sollen wir uns das unsäglich schöne Bild der Jungfrau Maria vor die Seele halten und uns ihre himmlische Stimme vorstellen. Dann werden die Worte Mariens zu leuchten beginnen und das einzige «Licht der Welt», ihren Sohn Jesus Christus, intensiv widerspiegeln.

Im Monat Januar

1. JANUAR

Heute möchte ich euch einladen, im neuen Jahr die Botschaften, die ich euch gebe, zu leben. Liebe Kinder! Ihr wißt, daß ich euretwegen so lange geblieben bin, um euch zu lehren, wie ihr auf dem Weg der Heiligkeit fortschreiten sollt.

Deshalb, liebe Kinder, betet ohne Unterlaß und lebt alle Botschaften, die ich euch gebe, denn das tue ich aus großer Liebe zu Gott und zu euch.

2. JANUAR

Meine Kinder, betet! Ich sage noch einmal: Betet! Wißt, daß das Wichtigste in eurem Leben das Gebetist.

Ich bin auf die Erde gekommen, um euch zu lehren, aus Liebe zu beten und nicht aus Zwang.

3. JANUAR

Betet, damit ihr den Geist der Wahrheit empfangt. Möge er euch mit dem Geist des Gebets erfüllen.

Durch das Gebet finden Seele und Leib den Frieden.

4. JANUAR

Liebe Kinder, ich lade euch ein: Betet mit dem Herzen und nicht aus Gewohnheit.

Ich brauche nicht hundert oder zweihundert Vaterunser. Es ist besser, nur ein Vaterunser zu beten, dies aber mit der Sehnsucht, Gott zu begegnen.

5. JANUAR

Ich lade euch erneut zum Gebet mit dem Herzen ein. Es sei euer täglich Brot. Betet, und ihr werdet jede Erschöpfung überwinden. Das Gebet wird für euch Freude und Erholung sein.

6. JANUAR

Ich halte euch alle in meinen Armen. Ihr gehört mir. Ich brauche eure Gebete, damit ihr mir ganz gehören könnt. Ich nehme alle eure Gebete entgegen. Ich nehme sie mit Freude entgegen.

Kommt alle zu mir. Bleibt bei mir. Ich will eure Mutter sein. Kommt! Ich wünsche, daß ihr mir alle nahe seid.

7. JANUAR

Heute rufe ich euch zur Erneuerung des Gebetes in euren Familien auf, so daß jede Familie meinem Sohn Jesus zur Freude werde.

8. JANUAR

Liebe Kinder, ich möchte euch jeden Tag mit Heiligkeit, Güte, Gehorsam und Liebe zu Gott bekleiden. So werdet ihr mit jedem neuen Tag schöner und bereiter werden für den Herrn. Liebe Kinder, hört auf meine Botschaften und lebt sie. Ich möchte euch führen.

9. JANUAR

Liebe Kinder, ich lade euch ein, mit euren Gebeten Jesus bei der Verwirklichung all der Pläne zu helfen, die er hier verfolgt. Bringt Jesus eure Opfer dar, damit alles geschieht, was er geplant hat, und damit Satan nichts unternehmen kann.

10. JANUAR

Warum habt ihr aufgehört, das Gebet zum Heiligen Geist zu sprechen? Ich habe euch gebeten, ohne Unterlaß darum zu bitten, daß der Heilige Geist auf euch alle herabkomme.

Ich spreche sehr oft vom Gebet zu euch. Aber ihr müßt wissen, daß es auf der Welt viele Personen gibt, die nicht beten, die nicht einmal wissen, was sie beten sollen.

11. JANUAR

Ich möchte jedem Herzen das Zeichen der Liebe einprägen. Wenn ihr alle Menschen liebt, dann habt ihr den Frieden in euch. Wenn ihr mit allen Menschen in Frieden lebt, dann ist das Reich der Liebe da.

Die Liebe nimmt alles an, auch was hart und bitter ist, um Jesu willen, der die Liebe ist. Deshalb bittet Gott, daß er euch zu Hilfe kommt, aber nicht, wie ihr es wünscht, sondern nach seiner Liebe.

12. JANUAR

Auch heute rufe ich euch zum Gebet auf. Ich brauche euer Gebet, damit Gott in euch allen verherrlicht werde. Liebe Kinder, ich bitte euch inständig, hört auf meinen mütterlichen Ruf und lebt ihn. Wenn ich euch dazu einlade, so geschieht das nur aus Liebe und um euch zu helfen.

13. JANUAR

Liebe Kinder! Auch heute möchte ich euch zeigen, wie sehr ich euch liebe. Ich bin jedoch darüber traurig, daß ich nicht jedem von euch helfen kann, meine Liebe zu begreifen. Deshalb, liebe Kinder, rufe ich euch zum Gebet und zur völligen Hingabe an Gott auf. Denn Satan will euch in die alltäglichen Dinge verstricken und will den ersten Platz in eurem Leben einnehmen. Deshalb, liebe Kinder, betet ohne Unterlaß.

14. JANUAR

Das Herz des Menschen ist wie eine strahlende Perle. Wenn es ganz Gott gehört, strahlt es selbst in der Finsternis. Aber wenn es sich aufspaltet, ein bißchen für Satan, ein bißchen für die Sünde, ein bißchen für alles, dann erlischt es und taugt nichts mehr.

15. JANUAR

Seht, ich bin hier. Ich bin in jeder Familie. Ich bin an jedem Ort. Das erscheint euch seltsam, aber es ist nicht seltsam. Denn die Liebe tut dies alles. Ich sage euch: liebt!

16. JANUAR

Wenn ich sage: Betet, betet!, dann will ich nicht nur sagen, daß ihr die Zahl eurer Gebetsstunden erhöhen sollt, sondern vielmehr, daß ihr die Sehnsucht, zu beten und in Kontakt mit Gott zu sein, verstärken sollt. Und daß ihr euch unablässig in einen Zustand versetzt, in dem euer Geist vom Gebet durchdrungen ist.

17. JANUAR

Angesichts der Gerechtigkeit und angesichts eurer Sünden bin ich oftmals weinend von euch zurückgekehrt. Ich konnte kein Wort sagen. Ich bin eure Mutter, und ich will mich euch nicht entgegenstellen. Von euch hängt ab, was ich in euch tun kann.

18. JANUAR

Liebe Kinder! Ich bitte euch, von heute an den Weg der Heiligkeit anzunehmen. Ich liebe euch, und deshalb wünsche ich, daß ihr heilig werdet. Ich möchte nicht, daß euch Satan auf diesem Weg hindert. Liebe Kinder, betet und nehmt alles an, was euch Gott auf diesem Weg, der bitter ist, anbietet. Wer aber diesen Weg zu gehen beginnt, dem enthüllt Gott die ganze Wonne, und er wird gerne jedem Ruf Gottes folgen. Richtet die Aufmerksamkeit nicht auf die kleinen Dinge. Strebt nach dem Himmel!

19. JANUAR

Seid geduldig. Alles geschieht gemäß dem Plan Gottes. Seine Verheißungen werden sich erfüllen. Man soll nur fortfahren zu beten, Buße zu tun und sich zu bekehren.

20. JANUAR

Betet, denn ich brauche mehr Gebet. Versöhnt euch, denn ich wünsche die Versöhnung zwischen euch, und ich wünsche mehr gegenseitige Liebe, wie unter Brüdern. Ich wünsche, daß das Gebet, der Frieden und die Liebe sich in euch entfalten.

21. JANUAR

Wenn man zu beten beginnt, muß man sich bereits auf das Gebet vorbereitet haben. Wenn ihr Sünden habt, so müßt ihr sie ausreißen, sonst ist es unmöglich, in das Gebet einzusteigen. Wenn ihr Sorgen habt, so müßt ihr sie Gott abgeben.

22. JANUAR

Ich fordere euch erneut zum Gebet mit dem Herzen auf. Denn wenn ihr, liebe Kinder, mit dem Herzen betet, wird das Eis in den Herzen eurer Brüder schmelzen, und alle Hindernisse werden beseitigt sein. Für alle, die sich bekehren wollen, wird es leicht sein, denn die Bekehrung ist ein Geschenk, das wir für alle unsere Nächsten bei Gott erbeten müssen.

23. JANUAR

Heute lade ich euch ein, in ein aktives Gebetsleben einzutreten. Ihr wünscht, all das zu leben, was ich euch sage, aber es gelingt euch nicht, weil ihr nicht betet. Liebe Kinder, ich bitte euch, daß ihr euch öffnet und zu beten beginnt. Das Beten wird für euch eine Freude sein. Wenn ihr anfangt, wird es euch nicht lästig sein, denn ihr werdet in der Freude beten.

24. JANUAR

Jesus will lieber, daß ihr euch direkt an Ihn wendet und weniger an einen Vermittler. Wenn ihr euch jedoch vollkommen Gott hingeben wollt und wünscht, daß ich eure Beschützerin sei, dann vertraut mir eure Vorsätze, euer Fasten und eure Opfer an, und ich werde nach dem Willen Gottes darüber verfügen.

Novene zum Fest Darstellung des Herrn

Am 2. Februar, 40 Tage nach der Geburt Jesu, feiert die Kirche das Fest der Darstellung (Weihe) Jesu im Tempel durch Maria und Josef (Lk 2, 22-32), wie sie das Gesetz vorschrieb (Lev 12, 1-8). Seit dem Tag, an dem Gott die Israeliten aus der Knechtschaft Ägyptens befreite, gehören alle Erstgeborenen Israels dem Herrn. Simeon, ein frommer und gerechter Jude in Jerusalem, sagt voraus, daß Jesus das Licht ist, das die Menschheit aus der Finsternis herausführen wird. Nach dem Vorbild Christi ist der Christ dazu aufgerufen, sich als lebendiges Opfer Gott darzubringen (Röm 12, 1). Sein ganzes Leben muß sich in eine Darstellung (Weihe) an Gott verwandeln, in eine beständige Opfergabe der Liebe.

25. JANUAR

Betet, betet! Wie viele Menschen sind anderen Glaubensüberzeugungen oder Sekten gefolgt und haben Jesus Christus verlassen! Sie machen sich ihre eigenen Götter. Sie beten Götzen an. Wie weh tut mir das! Wenn sie sich doch bekehren würden! Wie zahlreich sind doch die Ungläubigen! Das wird sich nur ändern können, wenn ihr mir durch eure Gebete helft.

26. JANUAR

Betet und fastet! Ich wünsche, daß ihr fortwährend euer Gebetsleben vertieft. Sprecht jeden Morgen das Weihegebet an das unbefleckte Herz Mariens. Sprecht es in der Familie. Betet jeden Morgen den Engel des Herrn, fünf Vaterunser, Gegrüßet seist du, Maria, und Ehre sei dem Vater, zu Ehren des heiligsten Leidens Jesu, und ein sechstes für unseren Heiligen Vater, den Papst. Betet danach das Glaubensbekenntnis und das Gebet zum Heiligen Geist. Und wenn es möglich ist, wäre es gut, einen Rosenkranz zu beten.

27. JANUAR

Liebe Kinder, ich bitte euch besonders, das Herz meines Sohnes Jesus zu verehren. Leistet Genugtuung für die dem Herzen meines Sohnes zugefügte Wunde! Dieses Herz ist durch alle möglichen Sünden verletzt worden.

28. JANUAR

Ich bin eure Mutter voller Güte, und Jesus ist euer großer Freund. In seiner Gegenwart sollt ihr nichts fürchten. Gebt ihm euer Herz. Übergebt ihm von ganzem Herzen eure Leiden. Dann werdet ihr durch das Gebet verlebendigt, euer Herz wird frei, und ihr werdet zu einem Frieden ohne Furcht finden.

29. JANUAR

Öffnet eure Herzen dem Herrn aller Herzen! Übergebt mir all eure Gefühle und all eure Probleme. Ich möchte euch trösten in allen euren Prüfungen. Ich möchte eure Herzen mit dem Frieden, der Freude und der Liebe Gottes erfüllen.

30. JANUAR

Ich möchte euch alle zum Frieden Gottes aufrufen. Ich will, daß jeder von euch in seinem Herzen den Frieden erlebt, den Gott gibt. Ich segne euch mit dem Segen Gottes und bitte euch, liebe Kinder, daß ihr meinem Weg folgt und ihn lebt. Helft mir, euch Gott darzubringen, euch zu retten und auf dem Weg des Heiles zu führen.

31. JANUAR

Gott ist der Friede selbst. Deshalb nähert euch Ihm durch euer persönliches Gebet, und dann lebt den Frieden in eurem Herzen. So wird der Friede aus eurem Herzen wie ein Fluß in die ganze Welt strömen.

Sprecht nicht vom Frieden, sondern macht Frieden! Ich segne jeden von euch und jede eurer guten Entscheidungen.

Im Monat Februar

1. FEBRUAR

Gott möchte euch retten. Er sendet euch Botschaften durch Menschen, durch die Natur und durch viele andere Dinge. Dadurch möchte er euch helfen zu begreifen, daß ihr die Richtung eures Lebens ändern sollt.

2. FEBRUAR

Eure Aufgabe ist es, zu beten. Ich werde mich dann um alles weitere kümmern. Ihr könnt euch nicht einmal vorstellen, wie mächtig Gott ist. Deshalb betet. Betet, weil Er bei euch sein möchte und euch von aller Sünde reinigen möchte.
(Ende der Novene zum Fest Darstellung des Herrn)

3. FEBRUAR

Meine Kinder, betet! Die Welt ist von einem großen Taumel erfaßt. Sie weiß nicht, was sie tut. Sie merkt nicht, in was für eine Sünde sie versinkt. Sie braucht eure Gebete, damit ich sie aus dieser Gefahr befreien kann.

4. FEBRUAR

Ich bitte euch um euer Gebet. Das ist alles, was ich von euch erwarte. Vergeßt nicht, morgens und abends zum Herrn zu beten. Betet, betet!

Liebe Kinder, ich liebe euch so sehr. Wenn ihr mich liebt, könnt ihr das fühlen. Ich segne euch im Namen der Heiligsten Dreifaltigkeit und in meinem Namen. Geht hin im Frieden!

5. FEBRUAR

Ich will euch auf den Weg der Bekehrung führen. Ich wünsche, daß ihr die Welt bekehrt und daß euer Leben Anlaß sei zur Bekehrung für die andern. Werdet nicht untreu. Jeder von euch soll meinem Willen und dem Willen Gottes vollkommen ergeben sein. Von heute an werde ich euch besondere Gnaden schenken, besonders die Gabe der Bekehrung. Jeder von euch soll meinen Segen nach Hause tragen und die anderen zu einer wirklichen Bekehrung anregen.

6. FEBRUAR

Entscheidet euch für das Paradies. Heute rufe ich euch alle dazu auf! Der Weg ist schwer für diejenigen, die sich nicht für Gott entschieden haben. Liebe Kinder, entscheidet euch und glaubt, daß Gott sich euch in seiner Fülle schenkt. Ihr seid berufen, und ihr sollt auf den Ruf des Vaters antworten, der euch durch mich dazu einlädt. Betet, denn im Gebet wird jeder von euch die vollkommene Liebe erreichen können.

7. FEBRUAR

Betet und fastet, damit das Reich Gottes unter euch anbricht. Mein Sohn möge euch mit seinem Feuer entzünden!

Wir sollen Jesus Freude bereiten und ihn glücklich machen.

8. FEBRUAR

An die Gebetsgruppe: Sie sollen weiterhin den Armen und Kranken helfen und für die Toten beten. Sie sollen keinerlei Angst empfinden. Sie sollen sich völlig frei machen und mir ihr Herz überlassen, so daß ich mit ihnen sein kann. Sie sollen auf mich hören und mich im Armen und in jedem Menschen entdecken.

9. FEBRUAR

Beginnt jeden Tag damit, den Heiligen Geist anzurufen. Es ist das Allerwichtigste, zum Heiligen Geist zu beten. Wenn der Heilige Geist auf die Erde herabkommt, dann wird alles hell, und alles verändert sich.

10. FEBRUAR

Betet! Wenn ich euch immerzu bitte zu beten, dann denkt nicht, daß eure Gebete nicht gut wären! Aber ich lade euch ein, euer persönliches Gebet auszudehnen und intensiver für die anderen zu beten.

11. FEBRUAR

Seit jeher übermittle ich der Welt die Botschaft Gottes. Es ist sehr schade, wenn man nicht daran glaubt.

Der Glaube gehört elementar zum Leben, aber man kann niemand zum Glauben zwingen. Der Glaube ist die Wurzel, aus der alles andere erwächst.

12. FEBRUAR

Gegenwärtig erhält die Welt große Gnaden von mir und von meinem Sohn. Die Welt soll sich ein festes Vertrauen bewahren.

13. FEBRUAR

Ich bin oft unter dem Kreuz auf dem Kreuzberg (Krizevac), um dort zu beten. Gegenwärtig bitte ich meinen Sohn darum, der Welt ihre Sünden zu vergeben. Die Welt hat begonnen, sich zu bekehren.

14. FEBRUAR

Satan sucht euch zu besiegen. Erlaubt es ihm nicht. Bewahrt den Glauben, betet und fastet. Bei jedem eurer Schritte werde ich mit euch sein.

15. FEBRUAR

Seht, wie glücklich ich hier bin! Zahlreich sind die, die mich verehren. Vergeßt jedoch nicht, daß es an anderen Orten noch mehr Menschen gibt, die mich verletzen und beleidigen.

16. FEBRUAR

Wenn ich euch diese Botschaft gebe, so begnügt euch nicht damit, sie zu hören. Vertieft euer Gebet und seht, wie glücklich euch das macht. Alle Gnaden stehen euch zur Verfügung. Es ist nur an euch, sie zu erringen. Deshalb bitte ich euch nochmals: betet!

17. FEBRUAR

Betet und fastet! Ich will eure Herzen vollkommen rein machen. Ich will euch glücklich machen.

Betet um den Frieden und um die Demut eurer Herzen.

18. FEBRUAR

Liebe Kinder, ich möchte euch einladen, in den Prüfungen standhaft zu sein. Heute noch leidet der Allmächtige wegen eurer Sünden. Wenn Leiden über euch kommen, so bringt sie Gott als Opfer dar.

19. FEBRUAR

Die heilige Messe soll für euch das Geschenk des Tages sein! Erwartet sie. Sehnt euch danach, daß sie beginnt. Jesus selbst schenkt sich euch während der Messe. Sehnt euch also nach diesem Augenblick, in dem ihr rein gemacht werdet. Betet viel, damit der Heilige Geist eure Gemeinde erneuert. Wenn man der Messe in Lauheit beiwohnt, wird man kalt und mit leerem Herzen nach Hause zurückkehren.

20. FEBRUAR

Liebe Kinder! Mit euren Gebeten habt ihr mir geholfen, daß meine Pläne verwirklicht werden. Betet weiter, damit diese Pläne vollkommen verwirklicht werden. Und ich bitte euch, den Rosenkranz in der Familie zu beten.

21. FEBRUAR

Wenn ihr betet, müßt ihr dies eindringlicher tun. Das Gebet ist ein Gespräch mit Gott. Beten heißt Gott zuhören. Das Gebet ist nützlich, denn nach dem Gebet ist alles klar. Im Gebet findet ihr das Glück. Das Gebet kann euch das Weinen lehren. Es kann euch lehren, innerlich aufzublühen.

22. FEBRUAR

Die materiellen Dinge nehmen euch in Beschlag. Dadurch verliert ihr alles, was Gott euch schenken möchte. Betet also, liebe Kinder, um die Gaben des Heiligen Geistes. Ihr habt sie nötig, damit ihr meine Anwesenheit hier und alles, was ich euch gebe, bezeugen könnt. Liebe Kinder, überlaßt euch mir, damit ich euch in allem führen kann. Laßt euch nicht von den materiellen Dingen so in Anspruch nehmen.

23. FEBRUAR

Liebe Kinder! Auch heute rufe ich auf, daß sich jeder von euch entscheidet, die Botschaften zu leben. Gott hat mir erlaubt, auch in diesem Jahr, welches die Kirche mir geweiht hat, zu euch zu sprechen und euch zur Heiligkeit anzuspornen. Liebe Kinder, verlangt von Gott die Gnaden, die Er euch durch mich geben möchte. Ich bin bereit, von Gott alles zu erbitten, wonach ihr verlangt, damit eure Heiligkeit vollkommen werde. Deswegen, liebe Kinder, vergeßt nicht zu verlangen, denn Gott hat mir erlaubt, euch Gnaden zu erwirken.

24. FEBRUAR

Wenn ihr mehr Kraft gegen das Böse haben wollt, so schafft euch ein waches Gewissen. Dazu müßt ihr am Morgen viel beten und einen Text aus dem Evangelium lesen. Pflanzt das Wort Gottes in euer Herz ein und lebt danach den Tag über, ganz besonders in den Prüfungen. So werdet ihr am Abend stärker sein.

25. FEBRUAR

Liebe Kinder, betet! Jede Hektik kommt von Satan. Euer Gebet muß zum Frieden führen.

Betet jeden Tag das «Komm, Schöpfer Geist» (Veni creator spiritus) und den «Engel des Herrn».

26. FEBRUAR

Betet, betet! Ihr müßt feststehen im Glauben, regelmäßig zur Beichte gehen und ebenfalls kommunizieren. Darin allein liegt das Heil.

27. FEBRUAR

Es gibt nur einen einzigen Mittler zwischen Gott und den Menschen: Jesus Christus.

Lobt Gott, verherrlicht ihn und singt ihm, meine Engel.

28. FEBRUAR

Liebe Kinder! Wenn ihr wüßtet, wie sehr ich euch liebe, euer Herz würde weinen!

29. FEBRUAR

Ich bin gekommen, um die Welt zum letzten Mal zur Umkehr zu rufen. Danach werde ich auf der Erde nicht mehr erscheinen.

Der Satan spielt mit euch und euren Seelen und ich kann euch nicht helfen, denn ihr seid weit weg von meinem Herzen. Deshalb betet und lebt meine Botschaften, dann werdet Ihr Wunder der Liebe Gottes in eurem täglichen Leben sehen.

Im Monat März

1. MÄRZ

Seht während des Tages Zeiten des Gebets vor. Empfangt die heilige Kommunion, sooft die Umstände es erlauben. Betet mit großer innerer Sammlung.

2. MÄRZ

Ich bitte euch, für die Bekehrung aller Menschen zu beten. Dazu brauche ich euer Gebet.

Ich wünsche, daß eure Herzen sich mit dem meinen vereinigen, wie mein Herz mit dem meines Sohnes vereinigt ist.

3. MÄRZ

Verbannt ein für allemal jede Angst. Wer sich Gott überläßt, hat in seinem Herzen keinen Platz für die Angst. Die Schwierigkeiten werden bleiben, aber sie werden dem geistigen Wachstum dienen und Gott verherrlichen.

4. MÄRZ

Liebt eure Feinde. Verbannt den Haß, die Bitterkeit, die Vorurteile aus eurem Herzen. Betet für eure Feinde und ruft den göttlichen Segen auf sie herab.

5. MÄRZ

Das Zeichen wird kommen, ihr sollt euch darüber nicht beunruhigen. Ich will euch nur eines sagen: bekehrt euch. Laßt dies so schnell wie möglich alle meine Kinder wissen. Keine Mühe, kein Leiden ist mir zuviel, um euch zu retten. Ich werde meinen Sohn bitten, die Welt nicht zu strafen, aber ich bitte euch inständig: bekehrt euch! Ihr könnt euch nicht vorstellen, was geschehen wird, noch, was der Ewige Vater auf die Erde sendet. Deshalb bekehrt euch. Verzichtet auf alles, tut Buße. Sagt meinen Dank allen meinen Kindern, die gebetet und gefastet haben. Ich bringe all das vor meinen göttlichen Sohn, um zu erwirken, daß sein gerechtes Urteil über die Sünden der Menschheit gemildert wird.

6. MÄRZ

Warum vertraut ihr euch mir nicht an? Ich weiß, daß ihr lange betet, aber überlaßt euch wirklich. Gebt eure Sorgen an Jesus ab. Hört auf das, was er euch im Evangelium sagt: «Wer von euch kann mit all seiner Sorge sein Leben auch nur um eine kleine Zeitspanne verlängern?» (Mt 6, 27).

7. MÄRZ

In dieser Fastenzeit sollt ihr versuchen und euch wirklich danach sehnen, daß ihr sie ganz in der Liebe lebt. Bemüht euch so gut wie möglich darum.

8. MÄRZ

Ich gebe euch einen Rat: Ich wünschte, daß ihr versucht, jeden Tag einen Fehler zu besiegen. Wenn ihr den Fehler habt, wegen allem und jedem in Zorn zu geraten, so versucht einen Tag lang, weniger zornig zu werden. Wenn euer Fehler darin besteht, nicht lernen zu wollen, versucht zu lernen. Wenn ihr den Fehler habt, nicht gehorchen zu können, oder wenn ihr diejenigen nicht ertragen könnt, die euch nicht gefallen, versucht einen Tag lang, mit ihnen zu sprechen.

Wenn ihr den Fehler habt, eine stolze Person nicht ertragen zu können, so versucht, euch ihr zu nähern. Wenn ihr wünscht, daß sie demütig sei, so seid auch ihr demütig. Zeigt, daß die Demut mehr wert ist als der Stolz. Versucht auch, jeden Tag alle möglichen Laster eures Herzens zu überwinden oder abzulegen. Sucht, welche Laster ihr abzulegen habt.

9. MÄRZ

Mein Sohn kämpft um jeden von euch, aber auch Satan kämpft. Er schleicht um euch herum und legt euch Fallen. Er versucht, euch zu spalten, Zwietracht unter euch zu säen, euch zu verwirren, damit ihr einander haßt und damit ihr euch ihm überlaßt.

10. MÄRZ

Niemand ist vom Fasten ausgenommen außer denen, die schwer krank sind. Das Gebet und die Werke der Nächstenliebe können das Fasten nicht ersetzen.

Fasten und Gebet können sogar Kriege und Naturkatastrophen verhindern.

11. MÄRZ

Das wahre Fasten besteht darin, auf alle Sünden zu verzichten, aber man muß auch dadurch Verzicht üben, daß man den Körper einbezieht.

Es gibt viele Christen, die nicht mehr treu sind, weil sie nicht mehr beten. Sie sollen damit beginnen, jeden Tag wenigstens 7 Vater unser, 7 Ave Maria, 7 Ehre sei dem Vater und einmal das Glaubensbekenntnis zu beten.

12. MÄRZ

Gott ist groß, und seine Liebe zu jedem Geschöpf ist groß. Daher, betet, um Gottes Liebe und Güte begreifen zu können. In der Güte und der Liebe Gottes des Schöpfers bin ich auch mit euch als Geschenk.

13. MÄRZ

Heute danke ich euch für das Öffnen eurer Herzen. Freude erfüllt mich über jedes Herz, das sich Gott öffnet. Freut euch mit mir! Opfert all eure Gebete dafür auf, daß sich die Herzen jener öffnen, die noch unter der Last der Sünde leben. Das wünsche ich. Gott wünscht es mit mir.

14. MÄRZ

Das beste Fasten ist das bei Wasser und Brot.

Wenn ihr nicht die Kraft habt, bei Wasser und Brot zu fasten, so könnt ihr auf verschiedene andere Dinge verzichten. Es wäre sehr gut, auf das Fernsehen zu verzichten, denn nachdem ihr die Programme angeschaut habt, seid ihr zerstreut und unfähig zu beten. Ihr könnt auf Alkohol verzichten, auf Zigaretten und auf andere Vergnügungen. Ihr wißt selbst, was ihr tun müßt.

15. MÄRZ

Betet und fastet!

Betet! Ihr vermögt alles, ja, ihr vermögt es durch das Gebet. Hängt ein Bild der vereinigten Herzen Jesu und Mariens in euren Häusern auf.

16. MÄRZ

Betet und fastet! Liebt jeden Menschen auf dieser Erde, wie ihr euch selbst liebt.

Betet und fastet! Ich möchte immer bei euch sein. Ich möchte immer in euren Herzen bleiben und möchte, daß auch ihr in meinem Herzen bleibt.

Novene zum Fest Verkündigung des Herrn

17. MÄRZ

Betet und fastet, damit Gott euch während dieser Novene mit seiner Kraft erfüllt.

Es gibt so viele Menschen hier, die in der Sünde leben. Auch hier bei euch gibt es Menschen, die mein Herz beleidigt haben. Betet und fastet für sie.

18. MÄRZ

Der Rosenkranz ist nicht ein Schmuckstück für das Haus, womit man es oft bewenden läßt. Sage allen, daß sie ihn beten sollen!

19. MÄRZ

Liebe Kinder, in eurem Leben habt ihr alle Licht und Dunkelheit erfahren. Gott läßt jeden Menschen das Gute und das Böse erkennen. Ich rufe euch zum Licht. Bringt das Licht denen, die in der Finsternis sind. Jeden Tag klopfen Menschen an eure Tür, die in der Finsternis leben. Meine lieben Kinder, gebt ihnen das Licht!

20. MÄRZ

Jelena: Warum bist du so schön?

Ich bin schön, weil ich liebe!

21. MÄRZ

Liebe Kinder, ich lade euch ein, euch ganz für Gott zu entscheiden. Ich bitte euch, liebe Kinder, daß ihr euch ganz hingebt, dann werdet ihr alles leben können, was ich euch sage. Es wird für euch nicht schwer sein, euch ganz Gott hinzugeben.

22. MÄRZ

Liebe Kinder, ich möchte euch alle mit meinem Mantel umhüllen und euch alle auf den Weg der Umkehr führen.

Liebe Kinder, ich bitte euch, gebt dem Herrn eure ganze Vergangenheit: Alles Böse, das sich in euren Herzen angesammelt hat. Ich wünsche, daß jeder von euch glücklich sei, aber mit der Sünde ist das niemals möglich. Deshalb, liebe Kinder, betet, und ihr werdet im Gebet diesen neuen Weg der Freude erkennen. Die Freude wird sich in euren Herzen zeigen, und so werdet ihr frohe Zeugen dessen sein, was mein Sohn und ich von euch allen wünschen. Ich segne euch.

23. MÄRZ

Liebe Kinder, nehmt alles an, was der Herr euch gibt. Habt keine gelähmten Hände und wiederholt nicht immer: «Jesus, gib mir!» Sondern öffnet eure Hände und nehmt alles, was der Herr euch gibt.

24. MÄRZ

Heute möchte ich euch alle zur Beichte einladen, auch wenn ihr erst vor einigen Tagen gebeichtet habt. Ich wünsche, daß ihr alle meinen Feiertag im Herzen erlebt. Das könnt ihr jedoch nicht, wenn ihr euch nicht ganz Gott hingebt. Deshalb lade ich euch alle zur Versöhnung mit Gott ein.

25. MÄRZ

Heute sage ich vor Gott mein «Ja» für euch alle. Ich wiederhole es: Ich sage mein «Ja» für euch alle. Freut euch mit mir und mit meinen Engeln, weil ein Teil meiner Pläne sich schon verwirklicht hat. Viele haben sich bekehrt, aber viele wollen sich nicht bekehren. Betet!

Nach diesen Worten begann die Jungfrau Maria zu weinen.

(Ende der Novene zum Fest Verkündigung des Herrn)

26. MÄRZ

Jeden von euch rufe ich auf, daß ihr von heute an das Leben zu leben beginnt, das Gott von euch wünscht, und daß ihr gute Taten der Liebe und der Barmherzigkeit vollbringt. Ich gebe euch meinen besonderen Segen und bleibe bei euch auf eurem Weg der Umkehr.

27. MÄRZ

Donnerstags soll jeder seine eigene Weise des Fastens finden: Wer raucht, soll darauf verzichten. Wer Alkohol trinkt, soll keinen trinken. Jeder soll auf etwas verzichten, was ihm lieb ist.

28. MÄRZ

Was euch betrifft, so denkt nicht an den Krieg, an das Böse, an die Strafen. Wenn ihr an das Böse denkt, dann seid ihr auf dem Weg, ihm zu begegnen. Eure Rolle ist es, den göttlichen Frieden anzunehmen, ihn zu leben und zu verbreiten.

29. MÄRZ

Weder die Worte noch die Werke sind heute wichtig. Wichtig ist allein das Gebet, um in Gott zu bleiben.

Verherrlicht Gott, ihr kleinen Kinder, mit einem Lied des Lobes und der Liebe, damit die Liebe Gottes Tag für Tag in euch wachsen kann, bis sie zu ihrer Fülle findet.

30. MÄRZ

Die Ungläubigen sind meine Kinder. Ihretwegen leide ich. Sie wissen nicht, was sie erwartet. Ihr müßt mehr für sie beten.

31. MÄRZ

Heute — wie nie zuvor — rufe ich euch auf, meine Botschaften zu leben und sie in eurem Leben zu verwirklichen. Ich bin zu euch gekommen, um euch zu helfen, und deshalb rufe ich euch auf, euer Leben zu ändern, denn ihr habt einen beklagenswerten Weg eingeschlagen, den Weg des Verderbens. Als ich zu euch sprach: «Kehrt um, betet, fastet, versöhnt euch», habt ihr diese Botschaften oberflächlich angenommen. Ihr habt angefangen, sie zu leben, aber ihr habt es aufgegeben, weil es zu schwer für euch war. Nein, liebe Kinder, wenn etwas gut ist, sollt ihr im Guten verharren.

Im Monat April

1. APRIL

Beichtet nicht aus Gewohnheit, um hinterher unverändert zu bleiben. Nein, das ist nicht gut. Die Beichte muß eurem Glauben einen Impuls geben. Sie muß euch anspornen und euch Jesus näherbringen. Wenn euch die Beichte im Grunde nichts bedeutet, werdet ihr euch schwerlich bekehren.

2. APRIL

Ich wünsche, daß ihr immer sehr zahlreich hier bei mir und bei meinem Sohn seid.

Wir sollen Jesus erfreuen und ihn glücklich machen.

3. APRIL

Ich werde euch ein geistiges Geheimnis enthüllen: Wenn ihr stärker sein wollt als das Böse, so macht euch einen persönlichen Gebetsplan. Nehmt euch morgens eine bestimmte Zeit, lest einen Text aus der Heiligen Schrift, verankert das Wort Gottes in eurem Herzen und bemüht euch, tagsüber danach zu leben, besonders zur Zeit der Prüfungen. So werdet ihr stärker sein als das Böse.

4. APRIL

Hebt die Hände, verlangt nach Jesus, denn durch seine Auferstehung will er euch mit Gnaden erfüllen. Die Auferstehung soll in euch Begeisterung wachrufen. Wir alle im Himmel sind glücklich, aber wir brauchen die Freude eurer Herzen.

5. APRIL

Ich rufe euch zur vollkommenen Umkehr auf, die für diejenigen schwer ist, die sich für Gott nicht entschieden haben. Liebe Kinder, ich rufe euch auf, vollkommen umzukehren zu Gott. Gott kann euch alles geben, was ihr von Ihm verlangt. Ihr aber sucht Gott erst dann, wenn Krankheiten, Probleme und Schwierigkeiten über euch kommen. Ihr glaubt, daß Gott weit von euch entfernt ist, daß Er euch nicht hört und eure Gebet nicht wahrnimmt. Nein, liebe Kinder, das ist nicht wahr. Wenn ihr weit von Gott entfernt seid, könnt ihr keine Gnaden empfangen, weil ihr sie nicht mit festem Glauben verlangt. Auch jetzt noch bete ich für euch und will euch immer näher zu Gott hinführen, aber ich kann dies nicht tun, wenn ihr es nicht wollt. Deshalb, liebe Kinder, legt euer Leben in die Hände Gottes. Ich segne euch alle.

6. APRIL

Die Liebe ist eine Gabe Gottes. Betet also, daß Gott euch die Gabe der Liebe schenken möge.

7. APRIL

Liebe Kinder, ihr habt immer gebetet, daß ich euch nicht allein lasse. Jetzt bitte ich euch meinerseits, mich nicht allein zu lassen. Satan sucht besonders in diesen Tagen euch alle zu verwirren. Deshalb betet viel in diesen Tagen. Liebe Kinder, ich bin von neuem gekommen, um euch zu danken. Ihr habt noch nicht begriffen, was es heißt, meinem Herzen Freude zu schenken. Das ist eine sehr große Sache. Ich bitte euch nur, im Gebet treu zu bleiben. Solange ihr betet, werde ich Worte für euch haben. Meine Liebe für euch ist ohne Grenzen. Seid glücklich bei mir, denn ich bin glücklich bei euch.

8. APRIL

Lebt meine Botschaften und fahrt fort, sie in euren Herzen zu verwurzeln.

Seht, ich bin jetzt in jeder Familie, in jedem Haus gegenwärtig. Ich bin überall, weil ich liebe. Macht es ebenso. Die Welt lebt von der Liebe.

9. APRIL

Euere Arbeit wird ohne Gebet am Morgen nicht gut sein. Betet also morgens und abends. Begreift wirklich, daß eure Arbeit ohne Gebet nicht gut sein kann.

10. APRIL

Satan ist stark. Er will mit all seinen Kräften meine Pläne zerstören. Deshalb betet und hört nicht auf damit. Ich werde auch zu meinem Sohn beten, damit alle Pläne, die ich begonnen habe, sich verwirklichen. Seid geduldig und haltet treu aus im Gebet. Erlaubt nicht, daß Satan euch den Mut raubt. Seid auf der Hut.

11. APRIL

Sobald ihr mich braucht, ruft mich!

12. APRIL

Ihr sollt alles aus Liebe tun, alle Unannehmlichkeiten, alle Schwierigkeiten, alles mit Liebe annehmen. Weiht euch der Liebe.

13. APRIL

Liebe Kinder, ich danke euch, daß ihr angefangen habt, in euren Herzen mehr an die Ehre Gottes zu denken.

Sucht euch in meinem Herzen aufzuhalten. Nicht daneben.

14. APRIL

Liebe Kinder, sucht mit Hilfe des Gebets eure Herzen glücklich zu machen. Liebe Kinder, seid die Freude aller Menschen, seid Hoffnung für jeden Menschen. Ihr werdet dies nur durch das Gebet erlangen. Betet, betet!

15. APRIL

Ich wünsche, daß ihr alle ein Spiegelbild Jesu seid. Dadurch erhellt er diese untreue Welt, die im Finstern lebt.

Liebe Kinder, betet, damit auf der ganzen Welt das Reich der Liebe anbricht. Wie glücklich wären die Menschen, wenn zwischen ihnen die Liebe herrschte!

16. APRIL

Viele Christen kommen nie wirklich zum Gebet. Sie fangen zwar an zu beten, aber dabei bleibt es dann.

Wenn ich euch sage: Betet, betet!, dann versteht dies nicht nur als eine Vermehrung der Gebete. Vielmehr will ich euch zu einer tiefen Sehnsucht, einer ständigen Sehnsucht nach Gott führen.

17. APRIL

Betet vor allem sonntags, damit das große Zeichen, die Gabe Gottes, kommt. Betet mit Inbrunst und Beständigkeit, damit Gott Erbarmen hat mit seinen großen Kindern.

Wenn dieses Volk sich nicht bald bekehrt, wird es das Unglück kennenlernen.

18. APRIL

Es liegt an euch, zu beten und durchzuhalten. Ich habe euch Verheißungen gegeben, seid daher ohne Sorge.

Der Glaube kann ohne Gebet nicht lebendig sein. Betet noch mehr!

19. APRIL

Betet, meine Engel, harrt aus! Der Feind soll nichts von euch in Besitz nehmen. Seid mutig! Geht hin im Frieden Gottes, meine Engel.

20. APRIL

In allen Gemeinden sind die Gebetsgruppen notwendig.

Weiht euch dem Unbefleckten Herzen. Gebt euch völlig hin. Ich werde euch beschützen. Ich werde den Heiligen Geist bitten. Auch ihr sollt ihn bitten.

21. APRIL

Betet! Denkt an nichts, betet! Denkt an nichts anderes als an diejenigen, für die ihr betet. Dann wird euer Gebet besser sein. Und ihr werdet ihm treu bleiben.

22. APRIL

Ihr müßt anfangen, an euren Herzen zu arbeiten, so wie ihr eure Felder bearbeitet. Arbeitet und ändert eure Herzen, damit der neue Geist von Gott darin Wohnung nehmen kann.

23. APRIL

Liebe Kinder, heute will ich euch von neuem alle zum Gebet aufrufen. Das Gebet soll euch das LEBEN sein. Liebe Kinder, widmet die Zeit nur Jesus, und er wird euch alles geben, was ihr sucht. Er wird sich euch völlig offenbaren.

24. APRIL

Wißt, daß ich euch liebe. Wißt, daß ihr mir gehört. Ich wünsche für niemand andern mehr zu tun, als ich für euch tue. Kommt alle zu mir. Bleibt bei mir, und ich werde für immer eure Mutter sein. Kommt, denn ich möchte euch alle bei mir haben.

25. APRIL

Liebe Kinder, heute bitte ich euch, eure Herzen Gott zu öffnen, wie die Blüten im Frühling sich der Sonne öffnen. Ich bin eure Mutter, ich will euch immer näher bei eurem Vater sehen und möchte, daß Er eure Herzen erfüllt.

26. APRIL

Liebe Kinder, in den letzten Tagen habt ihr bei der Erneuerung dieser Pfarrei die Lieblichkeit Gottes verspürt. Aber Satan arbeitet noch heftiger, um euch eure Freude zu entreißen. Durch das Gebet könnt ihr ihn völlig entwaffnen und euch euer Glück sichern.

27. APRIL

An welchem Ort auch immer ich mich offenbare — und mit mir mein Sohn —, da taucht auch Satan auf. Ihr habt ihm erlaubt, daß er euch unterjochte, ohne daß ihr bemerktet, daß ihr von ihm gelenkt wart. Gelegentlich wird euch bewußt, daß euer Verhalten von Gott nicht erlaubt ist, aber ihr erstickt diesen Gedanken schnell wieder. Kapituliert nicht, meine Kinder. Trocknet die Tränen auf meinem Gesicht, die ich vergieße, wenn ich euch so handeln sehe.

28. APRIL

Schaut den Armen, der um ein Stück Brot bettelt, nicht mit Verachtung an. Stoßt ihn nicht von eurem Tisch zurück, auf dem der Überfluß herrscht. Helft ihm, dann wird Gott euch auch helfen. Vielleicht wird der Segen, den er euch als Zeichen der Dankbarkeit hinterläßt, sich für euch erfüllen.

29. APRIL

Liebe Kinder, auch heute lade ich euch alle zum Gebet ein. Ihr wißt genau, liebe Kinder, daß Gott im Gebet besondere Gnaden gibt. Deshalb sucht und betet, daß ihr all das begreifen könnt, was ich euch hier gebe. Ich rufe euch, liebe Kinder, zum Gebet mit dem Herzen auf. Ihr wißt, daß ihr ohne Gebet nicht begreifen könnt, was Gott mit jedem einzelnen von euch plant.

30. APRIL

Das Gebet führt immer zum Frieden und zur Heiterkeit. Schenkt eure Zeit Gott, laßt euch vom Heiligen Geist leiten. Dann wird eure Arbeit gut vonstatten gehen, und ihr werdet freie Zeit haben.

Im Monat Mai

1. MAI

Liebe Kinder! Heute lade ich euch zur Erneuerung des Gebetes in euren Familien ein! Regt die Jüngsten zum Gebet an und dazu, daß sie zur Messe gehen.

2. MAI

Liebe Kinder, heute richte ich an euch alle einen Aufruf. Von jetzt an sollt ihr beginnen, ein neues Leben zu leben. Liebe Kinder, ich wünsche, daß ihr begreift, daß Gott jeden von euch auserwählt hat, um ihn für den großen Erlösungsplan der Menschheit zu verwenden. Ihr könnt nicht begreifen, wie groß eure Rolle im Plan Gottes ist. Deshalb betet, liebe Kinder, damit ihr im Gebet die Rolle begreifen lernt, die euch im Plan Gottes zugedacht ist. Ich bin bei euch, damit ihr sie vollkommen verwirklichen könnt.

3. MAI

Sagt den Gläubigen, daß ich ihre Gebete und die Gebete des ganzen Volkes brauche. Man muß so viel wie möglich beten und Buße tun, denn bis jetzt haben sich zu wenig Menschen bekehrt. Viele Christen leben wie die Heiden. Es gibt immer noch zu wenig wirklich Gläubige.

4. MAI

Bezüglich eines katholischen Priesters, der über die Heilung eines orthodoxen Kindes bestürzt war:

Sage diesem Priester, sag es allen, daß allein ihr auf der Erde voneinander getrennt seid. Die Moslems und die Orthodoxen sind genauso wie die Katholiken einander gleich vor meinem Sohn und vor mir. Ihr seid alle meine Kinder.

Gewiß, nicht alle Religionen sind gleich, aber alle Menschen sind gleich vor Gott, wie es der heilige Paulus sagt. Es genügt nicht, zur katholischen Kirche zu gehören, um gerettet zu werden; man muß die Gebote Gottes einhalten und seinem Gewissen folgen.

Diejenigen, die keine Katholiken sind, bleiben deshalb nicht weniger Geschöpfe, die nach dem Bild Gottes geschaffen und dazu bestimmt sind, eines Tages in das Haus des Vaters zu gelangen. Das Heil wird allen ohne jede Ausnahme angeboten. Nur die werden verdammt, die Gott bewußt und willentlich ablehnen. Wem wenig gegeben wurde, von dem wird auch wenig verlangt. Wem viel gegeben wurde (den Katholiken), von dem wird auch viel verlangt. Gott allein in seiner unendlichen Gerechtigkeit bestimmt das Maß der Verantwortung jedes einzelnen und fällt das Urteil.

5. MAI

Ihr wißt nicht in der Gnade Gottes zu leben, daher rufe ich euch von neuem auf, das Wort Gottes in euren

Herzen zu tragen. Setzt die Heilige Schrift an einen sichtbaren Ort in euren Familien, lest sie und lebt sie.

6. MAI

In meinen Botschaften empfehle ich allen, besonders aber dem Heiligen Vater, daß sie die Botschaft verbreiten, die ich von meinem Sohn hier in Medjugorje erhalten habe. Ich möchte dem Papst das Wort anvertrauen, mit dem ich hierher gekommen bin: «MIR», Frieden. Er soll ihn überall verbreiten. Und hier nun eine Botschaft nur für ihn: Er soll das christliche Volk durch seine Worte und Predigten zusammenführen, er soll besonders bei den Jugendlichen die Botschaften weitergeben, die er in seinen Gebeten vom Vater jedesmal dann erhält, wenn ihn Gott inspiriert.

7. MAI

Gebet zu Gott:

Immer wenn unser Herz geteilt ist zwischen Gut und Böse, soll uns Dein Licht überstrahlen, damit dieses Herz ein Ganzes wird.

Laß nie zu, daß in uns die Liebe geteilt ist und daß Wahrheit und Lüge, Liebe und Haß, Ehrlichkeit und Unehrlichkeit, Demut und Stolz gleichzeitig in uns wohnen.

Hilf uns, daß sich unser Herz wie ein Kind zu Dir erhebt, daß unser Herz den Frieden erfährt und sich immerfort danach sehnt. Dein heiliger Wille und Deine Liebe sollen Wohnung in uns finden!

8. MAI

Ich danke euch für jedes Opfer, das ihr auf euch genommen habt. Und jetzt bitte ich euch: Bringt jedes Opfer mit Liebe dar.

Ich segne euch alle; ich segne jeden einzelnen von euch. Ich bitte euch, in diesen Tagen für meine Anliegen zu beten.

9. MAI

Bekehrt euch! Wenn das Zeichen kommt, wird es zu spät sein. Zuvor wird die Welt mehrere Warnungen erhalten. Man soll sich beeilen, umzukehren. Ich brauche eure Gebete und eure Buße.

10. MAI

Weiht dem heiligsten Herzen fünf Minuten. Jede Familie ist sein Abbild.

Mein Sohn leidet viel, weil die Welt sich nicht bekehrt. Die Welt soll sich bekehren, und man soll Frieden schließen.

11. MAI

Verkündet meine Botschaften. Sprecht von den Ereignissen in Medjugorje. Fahrt fort, im Gebet zu wachsen!Betet auch abends, wenn ihr euren Tag beendet habt. Setzt euch in euer Zimmer und sagt zu Jesus: «Danke!»

12. MAI

Liebe Kinder, Gott schenkt sich euch mit der Fülle seines Lebens. Ihr könnt Ihn nur im Gebet entdecken und erkennen. Deshalb entscheidet euch für das Gebet!

13. MAI

Weihegebet an das unbefleckte Herz Mariens

O reinstes Herz Mariens, übervoll von Güte, zeig uns Deine Liebe. Deines Herzens Flamme, o Maria, komme herab auf alle Völker. Präge in unsere Herzen die wahre Liebe ein, so daß wir uns nach Dir sehnen.

Wir lieben Dich unendlich. O Maria, milden und demütigen Herzens, steh uns bei, wenn wir sündigen. Du weißt, daß alle Menschen Sünder sind.

O gib, daß wir durch Dein reinstes und mütterliches Herz von allem, was unsere Seele krank macht, geheilt werden. Mach uns frei von jeder geistigen Krankheit. Gib, daß wir immer die Güte Deines Mutterherzens schauen können und daß wir uns durch die Flamme Deines Herzens bekehren. Amen.

14. MAI

Es genügt, einen ernsten Blick auf die Sünde zu richten. Dann aber handle entschlossen und schaffe sie weg.

Jeder Erwachsene ist imstande, Gott kennenzulernen. Darin besteht die Sünde der Welt: Gott nicht zu suchen.

15. MAI

Das Reden über die Unausweichlichkeit der Katastrophen kommt von falschen Propheten. Sie sagen: An jenem Tag, um so und soviel Uhr, wird eine Katastrophe eintreten. Ich habe immer gesagt: Die Strafe wird unerwartet kommen, wenn sich die Welt nicht bekehrt. Ruft die Menschen zur Umkehr auf. Alles hängt von eurer Umkehr ab.

16. MAI

Entscheidet euch, von heute an Gott ernsthaft Zeit zu widmen. Ich bin bei euch und möchte euch lehren, mit dem Herzen zu beten. Im Gebet mit dem Herzen werdet ihr Gott begegnen.

17. MAI

Betet und fastet! Ich wünsche von euch die Demut. Aber ihr könnt nicht demütig werden ohne Gebet und Fasten.

18. MAI

Heute abend, liebe Kinder, bin ich euch auf besondere Weise dankbar, daß ihr da seid. Betet ohne Unterlaß das Allerheiligste Sakrament an! Ich bin immer anwesend, wenn die Gläubigen das Allerheiligste anbeten. Dabei werden besondere Gnaden erteilt.

19. MAI

Die Priester sollten die Familien besuchen, besonders diejenigen, die nicht mehr praktizieren und Gott vergessen haben. Die Priester sollten das Evangelium Jesu dem Volk bringen und es lehren, wie man betet. Und die Priester sollten selbst mehr beten und auch fasten; sie sollten den Armen das geben, was sie selbst nicht mehr brauchen.

20. MAI

Liebe Kinder, ich habe euch schon gesagt, daß ich euch auf besondere Weise auserwählt habe, so wie ihr seid. Ich bin eure Mutter, und ich liebe euch alle. Und wann immer ihr in Schwierigkeiten seid, fürchtet euch nicht! Denn ich liebe euch auch dann, wenn ihr euch von mir und meinem Sohn entfernt. Ich bitte euch, erlaubt nicht, daß mein Herz blutige Tränen über jene Seelen weint, die in der Sünde verlorengehen. Deswegen, liebe Kinder, betet, betet, betet!

21. MAI

Ich möchte euch Dank sagen für jede Antwort auf die Botschaften. Besonders danke ich euch für all eure Opfer und Gebete, die ihr mit dargebracht habt.

Ich bitte euch, liebe Kinder, hört auf meine Botschaften und lebt sie, damit ich euch führen kann.

22. MAI

Während des Gebets sollt ihr nicht an andere Dinge denken. Wenn ihr betet, sollt ihr euch über eure Sünden keine Sorgen machen. Die Sünden müßt ihr zurücklassen.

Wenn ihr an das Böse denkt, an die Strafen, an die Kriege, dann seid ihr schon auf dem Weg, ihnen zu begegnen. Eure Aufgabe ist es, den Frieden Gottes anzunehmen, ihn zu leben und zu verbreiten.

Novene zum Fest Mariä Heimsuchung

23. MAI

Liebe Kinder! Auch heute rufe ich euch auf, mir euer Leben in Liebe zu weihen, damit ich euch mit Liebe führen kann. Liebe Kinder, ich liebe euch mit besonderer Liebe, und ich möchte euch alle zu Gott in den Himmel führen.

24. MAI

Begreift doch, daß das irdische Leben im Vergleich zum ewigen Leben sehr kurz ist. Deshalb, liebe Kinder, entscheidet euch heute erneut für Gott. Nur so werde ich euch zeigen können, wie sehr ich euch liebe und wie sehr ich wünsche, daß ihr alle gerettet werdet und mit mir im Himmel seid.

25. MAI

Auch heute lade ich euch ein, eure Herzen vor allem für diese Tage vorzubereiten, in denen der Herr euch besonders von allen Sünden der Vergangenheit reinigen möchte. Ihr, liebe Kinder, könnt das nicht allein. Deshalb bin ich da, um euch zu helfen. Betet, liebe Kinder! Denn nur so werdet ihr all das Böse, das in euch ist, erkennen können und es dem Herrn übergeben, damit er eure Herzen ganz reinigen kann.

Deshalb, liebe Kinder, betet ohne Unterlaß und bereitet eure Herzen durch Buße und Fasten vor!

26. MAI

In diesen Tagen wirkt Satan auf besondere Weise in dieser Pfarrei. Betet, liebe Kinder, damit der Plan Gottes gelingt und damit jede Versuchung durch Satan zur Ehre Gottes beendet wird. Wenn ich so lange bei euch geblieben bin, so deshalb, um euch in den Versuchungen beizustehen.

27. MAI

Ich bin sehr glücklich, daß ich dank der Gebete der Gläubigen seit über drei Jahren hierher kommen kann. Betet weiter so! Ein Teil meines Planes hat sich erfüllt. Gott segnet ganz besonders die hier Anwesenden. Glücklich könnt ihr nach Hause zurückkehren. Die Gründe dafür werdet ihr nicht sofort verstehen. Bringt Gott Dankgebete dar!

28. MAI

Betet und fastet. Gebt die Betrachtung nicht auf. Zu Hause sollt ihr mindestens eine halbe Stunde lang betrachten.

Betet und fastet! Ihr habt noch nicht recht verstanden, was das heißt: beten. Wenn ihr es doch verstehen könntet, ich wünsche es so sehr!

29. MAI

Friede, Friede, Friede, versöhnt euch. Schließt Frieden mit Gott und untereinander. Dafür müßt ihr glauben, beten, fasten und beichten.

30. MAI

Auch wenn ich das Zeichen hinterlassen werde, werden viele Menschen nicht glauben. Viele Menschen werden nur zum Schein kommen und sich verbeugen. Notwendig ist, daß das Volk sich bekehrt und Buße tut.

31. MAI

Seit Jahren rufe ich euch auf und sporne euch an zu einem tiefen geistigen Leben in Einfachheit, aber ihr seid so kalt. Deshalb, meine lieben Kinder, nehmt die Botschaften ernsthaft an und lebt sie, damit eure Seele nicht traurig wird, wenn ich nicht mehr bei euch bin und euch nicht mehr wie unsichere Kinder bei den ersten Schritten führen kann.

(Ende der Novene zum Fest Mariä Heimsuchung)

Im Monat Juni

1. JUNI

Heute lade ich euch ein, Gott für alle Gaben, die ihr im Laufe eures Lebens erkannt habt, zu danken, auch für die kleinste Gabe, die ihr wahrgenommen habt. Ich danke Gott mit euch und wünsche, daß ihr alle die Freude der Gaben empfindet, und daß Gott für jeden von euch alles sei. Dann, meine lieben Kinder, werdet ihr unaufhörlich auf dem Weg der Heiligkeit wachsen können.

2. JUNI

Die monatliche Beichte wird ein Heilmittel für die westliche Kirche sein. Ganze Teile der Kirche könnten geheilt werden, wenn die Gläubigen einmal im Monat zur Beichte gingen.

3. JUNI

Meine Kinder, betet! Ich sage es noch einmal: betet! Ich sage es euch ohne Unterlaß. Denkt nicht, daß Jesus noch einmal in der Krippe erscheinen wird. Meine Freunde, in euren Herzen wird er von neuem geboren.

4. JUNI

Seid ausdauernd und mutig. Fürchtet nichts. Betet und achtet nicht auf die anderen.

5. JUNI

Sage ihnen, daß sie beten und sich in die Hände meines Sohnes geben sollen. Ich meinerseits werde alles tun, was in meiner Macht steht, um ihnen zu helfen. Aber sie müssen einen festen Glauben haben. Ohne einen starken Glauben ist nichts möglich.

(Eine Seherin hatte die heilige Jungfrau wegen zweier Schwerkranken befragt.)

6. JUNI

Ihr seid meine kleinen Blumen. Fahrt fort zu beten. Meine Aufgabe wird dadurch erleichtert.

7. JUNI

Ich wünsche, daß ihr euch in diesen Tagen mit folgendem Gedanken beschäftigt: «Seit wann bin ich Jesus, meinem Freund, nicht mehr begegnet? Seit wann bin ich meiner Mutter Maria nicht mehr begegnet? Ich will ihnen jetzt begegnen.»

8. JUNI

Liebe Kinder, ich segne euch mit dem Segen Gottes und bitte euch, liebe Kinder, daß ihr meinem Weg folgt und ihn lebt. Ich liebe euch, liebe Kinder, deshalb habe ich euch so viele Male aufgerufen. Ich bedanke mich für alles, was ihr für meine Anliegen tut. Ich bitte euch, helft mir, euch Gott darzubringen, euch zu retten und auf dem Weg des Heiles zu führen.

9. JUNI

Ihr werdet alles im Evangelium finden.

Satan ist wütend auf diejenigen, die fasten, und auf diejenigen, die sich bekehren.

10. JUNI

Mein Sohn leidet viel, weil die Menschen es ablehnen, sich zu bekehren. Sie haben nicht auf mich gehört. Bekehrt euch. Versöhnt euch.

11. JUNI

Ich lade euch zum Gebet ein, damit ihr im Gebet Gott begegnet. Gott verschenkt sich an euch. Von euch aber wünscht er, daß ihr in voller Freiheit auf seinen Ruf antwortet.

Deshalb bestimmt am Tag eine Zeit, in der ihr in Frieden und Demut beten und dabei Gott, dem Schöpfer, begegnen könnt.

12. JUNI

Im Gebet werdet ihr eine tiefe Freude erfahren, und ihr werdet für jede Situation, selbst wenn sie unlösbar ist, eine Lösung finden. Ich danke euch für eure Fortschritte im Gebet. Jeder von euch ist meinem Herzen lieb. Ich danke allen, die das Gebet in ihren Familien wieder angeregt haben.

13. JUNI

(Inbezug auf eine Person in einer Krise)

Ihr vermögt nichts. Ich allein kann sie verändern. Ihr müßt sie nur lieben. Errichtet keine Deiche in ihrem Leben. Wenn man Deiche baut, dann schäumt der Fluß und steigt an. Laßt sie frei wie einen Fluß. Baut auch keine Brücken. Wenn man Brücken baut, dann ist der Fluß eingeengt und fließt nicht frei. Laßt sie frei, damit sie fließen kann wie ein Fluß.

14. JUNI

Nehmt euch die Zeit und nähert euch Gott in der Kirche. Kommt in das Haus eures Vaters. Nehmt euch die Zeit und versammelt euch in der Familie zum Gebet, damit ihr durch das Gebet die Gnade Gottes erlangt. Gedenkt eurer Verstorbenen. Erfreut sie dadurch, daß ihr die heilige Messe für sie aufopfert.

Betet stets vor jeder Arbeit, beendet sie auch mit dem Gebet.

15. JUNI

Wenn ihr vom Herrn eine Gnade durch das Fasten erhalten wollt, so soll niemand wissen, daß ihr fastet. Wenn ihr seine Gnade durch eine Gabe für die Armen erhalten wollt, so soll niemand davon wissen.

16. JUNI

Gebt Zeugnis durch euer Leben. Opfert euer Leben für das Heil der Welt. Ich bin bei euch und danke euch. Im Himmel wird euch der Vater die Belohnung geben, die er euch versprochen hat.

Novene zu Maria, Königin des Friedens

17. JUNI

Ich wünsche ein Fest der Königin des Friedens am 25. Juni, dem Jahrestag der ersten Erscheinung.

Bereitet euch durch das Gebet auf den Jahrestag des Beginns der Erscheinungen vor. Der 25. Juni soll als Fest «Maria, Königin des Friedens» gefeiert werden.

18. JUNI

Ihr wißt, daß ich euch eine Oase des Friedens versprochen habe. Aber ihr wißt nicht, daß rund um die Oase die Wüste ist, wo Satan lauert und jeden von euch versuchen will. Liebe Kinder, nur mit dem Gebet seid ihr imstande, jeden Einfluß Satans zu besiegen. Ich bin bei euch, wo immer ihr auch seid. Aber ich kann euch nicht eure Freiheit nehmen.

19. JUNI

Ich wünsche nur, daß ihr glücklich seid, daß ihr erfüllt seid mit Frieden und daß ihr diese Freude verkündet.

20. JUNI

Heute rufe ich euch noch einmal zum Gebet auf. Liebe Kinder, ich lade euch besonders dazu ein, für den Frieden zu beten. Ohne eure Gebete kann ich euch nicht helfen, daß die Botschaften verwirklicht werden, die ich euch mit Erlaubnis des Herrn überbracht habe.

Deshalb betet, liebe Kinder, und ihr werdet im Gebet den Frieden erfahren, den Gott euch gibt.

21. JUNI

Von neuem lade ich euch heute dazu ein, von ganzem Herzen zu beten und euer Leben Tag für Tag zu ändern. Ich lade euch besonders dazu ein, liebe Kinder, im Gebet und im Opfer heilig zu leben, denn ich wünsche, daß jeder von euch, der dieser Gnadenquelle nahe ist, mit der besonderen Gabe, die er mir geben wird, ins Paradies kommt: mit der Heiligkeit. Daher, liebe Kinder, betet und ändert euer Leben, damit ihr Heilige werdet. Ich werde euch immer nahe sein.

22. JUNI

Wenn jemand da ist, der euch um etwas bittet, so gebt es ihm.

Auch ich stehe vor vielen Herzen, und sie öffnen sich nicht. Betet, damit die Welt meine Liebe annimmt.

23. JUNI

Morgen wird die ganze Gruppe im Gebet den Frieden finden. Im Gebet werden alle ihre Mitglieder verlebendigt werden, wie es der Wunsch Jesu ist. Er vertraut einem jeden etwas an, und er wünscht etwas von einem jeden.

24. JUNI

Ich bin gekommen, um der Welt zu sagen: Gott ist Wahrheit. Er existiert. In Ihm ist das wahre Glück und die Fülle des Lebens. Als Königin des Friedens bin ich hierher gekommen, um der Welt zu sagen, daß der Frieden notwendig ist für das Heil der Welt. In Gott findet sich die wahre Freude. Aus ihr fließt der wahre Frieden.

25. JUNI

Liebe Kinder, heute danke ich euch allen und möchte euch alle zum Frieden Gottes aufrufen. Ich will, daß jeder von euch in seinem Herzen den Frieden erlebt, den Gott gibt. Heute segne ich euch alle. Ich segne euch mit dem Segen Gottes und bitte euch, liebe Kinder, daß ihr meinem Weg folgt und ihn lebt.

(Ende der Novene zu Maria, Königin des Friedens)

26. JUNI

Frage der Seher: *«Pater Tomislav will die Gemeinde zu Gebet und Fasten aufrufen, damit die Kirche erkennt, daß die Ereignisse (von Medjugorje) übernatürlich sind. Ist das der richtige Weg?»*

Ja, das ist der richtige Weg. Die Gemeinde soll um diese Gabe beten. Sie soll auch um die Gabe des Heiligen Geistes beten, damit alle, die hierherkommen, die Gegenwart Gottes spüren.

27. JUNI

Ich danke denjenigen, die auf meinen Ruf geantwortet haben. Ich segne euch alle. Ich segne jeden von euch. In diesen Tagen bitte ich euch, für meine Anliegen zu beten. Geht hin im Frieden Gottes.

28. JUNI

Meine Kinder, betet! Ich kann euch nichts anderes sagen als: betet, betet! Wißt, daß es in eurem Leben nichts wichtigeres gibt als das Gebet.

29. JUNI

Meine lieben Kinder, habt keine Angst! Wenn ihr betet, kann euch Satan nichts antun, denn ihr seid Kinder Gottes, und Gott wacht über euch. Betet! Der Rosenkranz sei immer in euren Händen. Er ist für Satan das Zeichen, daß ihr mir gehört.

30. JUNI

Liebe Kinder, betet, damit aus eurem Herzen eine Quelle der Liebe auf jeden Menschen — auch auf jenen, der euch haßt und verachtet — zu fließen beginnt. So werdet ihr mit der Liebe Jesu das ganze Elend in dieser traurigen Welt besiegen können, die ohne Hoffnung ist für diejenigen, die Jesus nicht kennen.

Ich bin mit euch und liebe euch mit der unermeßlichen Liebe Jesu. Danke für alle Opfer und Gebete!

Im Monat Juli

1. JULI

Seid so gut und kommt zur Messe, ohne eine Ausrede zu suchen. Zeigt mir, daß ihr ein großzügiges Herz habt.

2. JULI

Heute lade ich Euch zum Gebet ein. Das Gebet soll für Euch Leben sein. Eine Familie kann nicht sagen, daß sie im Frieden ist, wenn sie nicht betet. Daher soll Euer Morgen mit dem Morgengebet beginnen, und der Abend soll mit Danksagung enden.

3. JULI

Botschaft an die Pfarrei: Auch wenn ihr ratlos seid, so helft trotzdem voll Vertrauen den Pilgern, und der Herr wird euch nach dem Maß eures Vertrauens geben.

4. JULI

Jeden von euch rufe ich auf, daß er in der Liebe Gottes zu leben beginnt. Liebe Kinder, ihr seid bereit,

Sünde zu begehen und euch ohne Überlegung in die Hände Satans zu übergeben. Ich rufe euch auf, daß sich jeder von euch bewußt für Gott und gegen Satan entscheidet.

5. JULI

Ich bin eure Mutter, und deshalb möchte ich euch alle zur vollkommenen Heiligkeit führen. Ich wünsche, daß jeder von euch hier auf Erden glücklich sei und daß jeder von euch mit mir im Himmel sein möge. Dies, liebe Kinder, ist das Ziel meines Kommens und mein Wunsch.

6. JULI

Ich möchte, daß ihr für alle Licht werdet und daß ihr vom Licht Zeugnis ablegt. Liebe Kinder, ihr seid nicht zur Finsternis, sondern zum Licht berufen. Deshalb lebt das Licht in eurem Leben!

7. JULI

Die Liebe Gottes sei immer in euch, denn ohne sie könnt ihr nicht völlig umkehren. Der Rosenkranz in euren Händen soll euch an Jesus erinnern.

8. JULI

Die Liebe, die ich euch gebe, ist groß. Aber manchmal weist ihr sie ab, und dann verringert sie sich. Nehmt meine Gaben immer sofort an, damit ihr guten Nutzen daraus zieht.

9. JULI

Laßt nicht nach! Betet mit mir! Täuscht euch nicht, wenn ihr denkt: Ich bin gut, aber mein Bruder neben mir ist es nicht. Das wäre nicht recht von euch. Ich liebe euch, weil ich eure Mutter bin; deshalb warne ich euch.

10. JULI

Es gibt die Geheimnisse, meine Kinder. Ihren Inhalt kennt man nicht. Wenn man ihn einmal kennt, wird es reichlich spät sein. Kehrt zum Gebet zurück! Nichts ist notwendiger.

11. JULI

Ich hätte gewollt, daß der Herr mir erlaubt, euch ein kleinwenig Auskunft über die Geheimnisse zu geben, aber Er gewährt euch schon genügend Gnaden. Denkt nach: Was schenkt ihr Ihm dafür? Wann habt ihr das letzte Mal um des Herrn willen auf etwas verzichtet? Ich möchte euch keine weiteren Vorhaltungen machen, sondern euch noch einmal zum Gebet, zum Fasten und zur Buße aufrufen.

12. JULI

Wenn ihr vom Herrn durch Fasten eine Gnade erlangen möchtet, so soll niemand wissen, daß ihr fastet. Wenn ihr die Gnade von Gott durch eine Gabe an die Armen erhalten wollt, so soll niemand außer euch und dem Herrn davon wissen.

Hört auf mich, meine Kinder, betrachtet im Gebet meine Botschaften.

13. JULI

Singt und seid voller Freude in allen Schwierigkeiten, wenn ihr euer Kreuz tragt!

14. JULI

Die Messe stellt die höchste Form des Gebets dar. Während der heiligen Messe sollt ihr demütig und ehrerbietig sein. Ihr sollt euch sorgfältig darauf vorbereiten.

15. JULI

Gebt nicht nach. Bewahrt euren Glauben. Ich werde jeden eurer Schritte begleiten (15. Juli: Fest des hl. Wladimir).

Bezüglich Rußlands:

In diesem Volk wird Gott am meisten verherrlicht werden. Der Westen hat die Zivilisation vorangebracht, aber ohne Gott, als ob die Menschen ihre eigenen Schöpfer wären.

16. JULI

Sagt den Jugendlichen, daß sie sich nicht vom wahren Weg abbringen lassen sollen. Sie sollen ihrer Religion treu bleiben.

Bete mehr. Die anderen beten und leiden mehr als du.

17. JULI

Seid alle glücklich. Und mein Segen begleite euch bei jedem Schritt!

18. JULI

Ich bitte euch dringend, mehr geweihte Gegenstände in eure Häuser zu bringen. Jeder soll welche an sich tragen. Laßt alle Gegenstände segnen, so wird Satan euch weniger in Versuchung führen, weil ihr eine Waffenrüstung gegen ihn habt.

19. JULI

Viele, die sehr begeistert waren, werden erkalten. Ihr aber, harrt aus und seid stolz auf jedes meiner Worte. Das Volk soll viel beten. Man soll mehr für das Heil beten, einzig und allein für das Heil, denn das Heil liegt im Beten. Und die Menschen sollen sich bekehren, solange es noch möglich ist. Es gibt viele Sünden, Demütigungen, Flüche, Lügen und böse Worte. Sie sollen sich bekehren, beichten und kommunizieren.

20. JULI

Denen, die schwere Sünden begehen, gebe ich alle Gnaden, aber sie bekehren sich nicht. Betet, betet für sie! Wartet nicht, betet jetzt. Heute brauche ich eure Gebete und eure Buße.

21. JULI

Es ist sehr schön, donnerstags bei der Anbetung meines Sohnes im heiligsten Altarsakrament zu verweilen. Es ist auch schön, jeden Freitag das Kreuz zu verehren. Ich wünsche, daß ihr mir an jedem Samstag, dem Tag, den die Kirche mir geweiht hat, wenigstens eine Viertelstunde opfert. Während dieser Zeit sollt ihr mein Leben und meine Botschaften betrachten. Und betet!

22. JULI

Liebt eure Feinde. Betet für sie und segnet sie.

23. JULI

Botschaft für den Papst:

Bete, bete, bete! Laß dich nicht entmutigen. Sei im Frieden, weil Gott dir die Gnade gibt, Satan zu besiegen.

Die Jungfrau hat ein Bild vom Papst in der Hand. Sie küßt es.

Er ist unser Vater und der Vater aller. Ihr müßt für ihn beten.

24. JULI

Mein Engel, bete für die Ungläubigen. Die Leute werden sich die Haare raufen, der Bruder wird seinen Bruder anflehen, er wird sein vergangenes Leben ohne Gott verwünschen. Sie werden es bereuen, aber es wird zu spät sein. Jetzt ist die Zeit der Bekehrung!

25. JULI

Auch heute danke ich euch für alles, was ihr in den letzten Tagen für mich getan habt. Besonders danke ich euch, liebe Kinder, im Namen Jesu für alle Opfer, die ihr in der vergangenen Woche dargebracht habt. Liebe Kinder, ihr vergeßt, daß ich mich auf eure Opfer verlasse, um euch helfen und Satan von euch fernhalten zu können. Daher rufe ich euch von neuem dazu auf: Bringt Gott eure Opfer mit einer tiefen Ehrfurcht dar.

26. JULI

Ich weiß, daß ihr heute gebetet habt und daß ihr eure ganze Arbeit betend verrichtet habt; ich habe jedoch ein besonderes Anliegen, für das ich euch bitte, jeden Tag7 Vater unser, 7 Gegrüßet seist du Maria, sowie das Glaubensbekenntnis zu beten.

27. JULI

Ich gebe euch mein Herz, nehmt es auf! Ich will euch keinen Kummer bereiten, aber ich kann nicht für immer bei euch bleiben. Daran müßt ihr euch gewöhnen. Ich wünsche jedoch, in euren Herzen ständig bei euch zu sein. Ihr müßt viel beten und nicht sagen: «Wenn wir heute nicht gebetet haben, so ist das nicht schlimm.» Ihr müßt euch bemühen zu beten. Das Gebet ist der einzige Weg, der zum Frieden führt. Wenn ihr betet und fastet, dann werdet ihr alles erhalten, worum ihr bittet.

28. JULI

Auch heute lade ich euch ein, euch mehr für Gott zu öffnen, damit Er durch euch wirken kann. So weit ihr euch öffnet, so viele Früchte werdet ihr empfangen. Ich rufe euch von neuem zum Gebet auf. Ich bitte euch, Gott den ersten Platz vor all euren sonstigen Prioritäten einzuräumen. Dann wird Er in eurem

Leben Wunder wirken können, und mit Ihm wird euer Leben Tag für Tag zur Freude werden.

Novene zum Fest Verklärung des Herrn

29. JULI

Mein Herz brennt vor Liebe für euch. Es genügt, wenn ihr euch bekehrt. Fragen zu stellen hat keine Bedeutung. Bekehrt euch. Beeilt euch, dies zu verkünden. Sagt es allen, daß dies mein Wunsch ist und daß ich immer wieder sage: «Bekehrt euch, bekehrt euch!» Es ist nicht schwer für mich, für euch zu leiden. Ich bitte euch, bekehrt euch!

30. JULI

Ihr wißt, daß ich mit euch bin und daß ich euch alle auf dem gleichen Weg in den Himmel führen möchte, der für diejenigen schön ist, die ihn im Gebet entdekken. Deshalb vergeßt nicht, daß ihr diese Botschaften, die ich euch gebe, in eurem täglichen Leben verwirklichen sollt, damit ihr dann sagen könnt: «Ich habe die Botschaften angenommen und versucht sie zu leben.»

31. JULI

Ich wünsche, daß ihr ein Abglanz Jesu seid. So wird er diese treulose Welt erleuchten, die in der Finsternis wandelt.

Ich lade euch alle ein, daß ihr euch am Leben, das eine Gnade Gottes ist, freut.

Im Monat August

1. AUGUST

Wir gehen bei vollem Bewußtsein in den Himmel, bei dem Bewußtsein, das wir jetzt haben. Im Augenblick des Todes sind wir uns der Trennung von Leib und Seele bewußt. Es ist falsch, die Leute zu lehren, daß wir mehrmals wiedergeboren werden. Man wird nur einmal geboren. Der Körper, der aus der Erde stammt, verwest nach dem Tod. Er wird nie mehr leben. Der Mensch erhält einen verklärten Leib. Wer im Leben viel Böses tat, kann direkt in den Himmel kommen, wenn er am Ende seines Lebens beichtet, bereut, was er getan hat, und kommuniziert.

2. AUGUST

Heute lade ich euch ein, mir euer Herz zu geben, damit ich es wandeln und meinem Herzen ähnlich machen kann. Ihr fragt euch, liebe Kinder, warum ihr meine Bitten nicht erfüllen könnt. Das gelingt euch deshalb nicht, weil ihr mir euer Herz nicht gegeben habt, damit ich es wandle. Ihr sprecht davon, aber ihr tut es nicht. Tut also alles, was ich euch sage, und ich werde bei euch sein.

3. AUGUST

Selig seid ihr, wenn ihr euch nicht in euren Fehlern selbst verurteilt, sondern wenn ihr begreift, daß in euren Fehlern sogar Gnaden angeboten werden.

4. AUGUST

Ich bitte euch, zerstört dieses Haus aus Pappe, das ihr aus euren eigenen Wünschen errichtet habt, dann werde ich für euch handeln können.

5. AUGUST

Wenn ihr euch mir überlaßt, dann werdet ihr den Übergang von diesem zum andern Leben nicht einmal spüren, dann werdet ihr schon auf dieser Erde beginnen, das Leben des Himmels zu leben.

Diese Botschaft ist an den Papst und an alle Christen gerichtet. Bereitet die zweite Tausendjahrfeier meiner Geburt vor, die am 5. August 1984 stattfindet. Durch die Jahrhunderte hindurch habe ich mein ganzes Leben euch gewidmet. Ist es zuviel für euch, mir drei Tage zu widmen? Arbeitet nicht an diesem Tag, sondern nehmt euren Rosenkranz und betet.

6. AUGUST

Ihr müßt die Leute dazu aufrufen, jeden Monat beichten zu gehen, vor allem am ersten Samstag. Hier habe ich noch nicht davon gesprochen. Ich habe die

Leute zur häufigen Beichte eingeladen. Ich werde euch noch konkrete Botschaften für unsere Zeit geben. Habt Geduld, denn die Zeit dafür ist noch nicht gekommen. Tut, was ich euch gesagt habe. Diejenigen, die es nicht beachten, sind zahlreich. Die monatliche Beichte wird ein Heilmittel für die Kirche des Westens sein. Man muß diese Botschaft im Westen verbreiten.

Geht nicht aus Gewohnheit beichten, um danach die gleichen zu bleiben. Nein, das ist nicht gut. Die Beichte soll eurem Glauben einen Anstoß geben. Sie soll euch anregen und euch Jesus näher bringen.

(Ende der Novene zum Fest Verklärung des Herrn)

Novene zum Fest Mariä Aufnahme in den Himmel

7. AUGUST

Ich möchte in jedes Herz das Zeichen der Liebe eingravieren. Wenn ihr alle Menschen liebt, dann wird der Friede in euch herrschen. Und wenn ihr in Frieden mit allen Menschen seid, dann ist dies das Reich der Liebe.

Empfangt meine Gnaden und sagt der ganzen Welt, daß es kein Glück gibt außer durch mich.

8. AUGUST

Liebe Kinder, in diesen Tagen ist es besonders notwendig, daß ihr euch selbst mir und meinem Herzen weiht.

9. AUGUST

Liebe Kinder, ich möchte, daß ihr begreift, daß Gott jeden von euch auserwählt hat, um ihn für den großen Erlösungsplan der Menschheit zu verwenden.

Mein Herz begleitet aufmerksam jeden eurer Schritte.

10. AUGUST

Ihr seid viel schöner, wenn ihr betet — so wie die Blumen, die nach dem Schnee ihre ganze Schönheit zeigen, und alle ihre Farben werden unbeschreiblich schön. Ebenso, liebe Kinder, entfaltet auch ihr nach dem Gebet vor Gott all das Schöne, um ihm zu gefallen. Deshalb, liebe Kinder, betet, öffnet euer Leben dem Herrn, daß Er aus euch schöne, harmonische Blumen für das Paradies machen kann.

11. AUGUST

Liebe Kinder, betet, weil Satan unaufhörlich versucht, meine Pläne zu durchkreuzen. Betet in der Tiefe des Herzens. Gebt euch im Gebet Jesus hin.

12. AUGUST

Liebe Kinder, ich bitte euch, von heute an den Weg der Heiligkeit anzunehmen. Ich liebe euch, und deshalb wünsche ich, daß ihr heilig seid. Gott hat mir erlaubt, euch Gnaden zu erbitten.

13. AUGUST

Verliere nicht deine Zeit! Bete und liebe. Du kannst dir nicht einmal vorstellen, wie mächtig Gott ist.

14. AUGUST

Botschaft Jesu an Jelena:

Ich bin voller Freude... aber meine Freude ist nicht vollkommen, solange nicht auch ihr voller Freude seid. Ihr seid noch nicht in der Lage, meine grenzenlose Liebe zu verstehen.

15. AUGUST

Seht, wie glücklich ich hier bin! Zahlreich sind jene, die mich verehren. Vergeßt jedoch nicht, daß an anderen Orten noch mehr Menschen mich verletzen und beleidigen.

Liebe Kinder, heute segne ich euch. Ich sage euch noch einmal: Ich liebe euch. Ich lade euch ein, meine Botschaften zu leben. Heute segne ich euch mit einem feierlichen Segen, den mir der Allmächtige gewährt hat.

(Ende der Novene zum Fest Mariä Aufnahme in den Himmel)

16. AUGUST

Gnaden werdet ihr erhalten, soviel ihr wollt. Das hängt von euch ab. Liebe werdet ihr bekommen, wann ihr wollt und soviel ihr wollt. Das hängt von euch ab.

17. AUGUST

Das Gebet soll sein: Seligkeit in Gott, Selbstentfaltung in Gott. Erfüllung mit Frieden, Erfüllung mit Freude.

18. AUGUST

Viele Christen treten nie in das Gebet ein. Sie fangen an, aber dabei bleiben sie stehen.

Sie sollen glauben und beten! Ich kann dem nicht helfen, der nicht betet und sich nicht aufopfert. Die Kranken müssen ebenso wie die Gesunden für die Kranken beten und fasten. Je stärker euer Glaube ist, je mehr ihr für daßelbe Anliegen betet und fastet, desto größer ist die Gnade und die Barmherzigkeit Gottes.

19. AUGUST

Meine Kinder, ich gebe euch Kraft. Ich werde euch immer Kraft geben.

20. AUGUST

Fastet bei Wasser und Brot vor jedem Fest und bereitet euch im Gebet darauf vor.

Fastet bei Wasser und Brot einmal pro Woche zur Ehre des Heiligen Geistes, zusätzlich zum Freitag.

Wenn ihr betet und fastet, werdet ihr alles erhalten, worum ihr bittet.

21. AUGUST

Vertraut mir auch die kleinen Dinge an, opfert sie auf für meine Sendung.

Wenn ihr meine Liebe annehmen wolltet, würdet ihr nie sündigen.

22. AUGUST

Heute möchte ich euch sagen, daß Gott euch Prüfungen schicken will. Gott will euch in eurer alltäglichen Arbeit auf die Probe stellen. Betet jetzt, damit ihr jede Prüfung in Ruhe übersteht. Durch all diese Schwierigkeiten hindurch, die der Herr zuläßt, öffnet euch immer mehr Gott und geht ihm mit mehr Liebe entgegen.

23. AUGUST

Ihr könnt noch nicht lieben, und ihr könnt noch nicht mit Liebe die Worte hören, die ich euch gebe.

Wenn ihr zur Messe geht, sollte euer Weg vom Verlassen des Hauses an eine Zeit der Vorbereitung auf die Eucharistie sein.

24. AUGUST

Ihr sollt die Kommunion mit einem offenen und reinen Herzen empfangen. Reinheit des Herzens und Offenheit! Verlaßt die Kirche nicht ohne Danksagung. Ich kann euch nur helfen, wenn ihr für meine Anregungen empfänglich seid. Ich kann euch nicht helfen, wenn ihr nicht offen seid.

25. AUGUST

Bete. Frage nicht nach dem Grund, weshalb ich dich ständig dazu einlade zu beten. Vertiefe dein persönliches Gebet, daß es ein Kanal für die andern wird.

26. AUGUST

Ihr sprecht viel über Gott, aber ihr gebt nur wenig Zeugnis mit eurem Leben. Darum entscheidet euch für die Umkehr, damit euer Leben wahrhaftig sei vor Gott, so daß ihr in der Wahrheit eures Lebens die Schönheit, die Gott euch geschenkt hat, bezeugt.

27. AUGUST

Gebet, das Jelena von Maria eingegeben wurde:

Wir öffnen dir unsere Herzen, damit deine heilige Liebe in uns wohnt.

Wir öffnen dir unsere Seelen, damit sie von deiner heiligen Barmherzigkeit berührt werden, die uns hilft, alle Sünden klar zu erkennen, und die uns verstehen läßt, daß das, was uns unrein macht, die Sünde ist.

28. AUGUST

Ich lade euch ein, in allem ein Vorbild für andere zu sein, besonders im Gebet und im Zeugnis. Liebe Kinder, ohne euch kann ich der Welt nicht helfen. Ich wünsche, daß ihr in allem, sogar in den kleinsten Dingen, mit mir zusammenwirkt. Deshalb, liebe Kinder, helft mir, daß euer Gebet aus dem Herzen kommt. Übergebt euch mir ganz. So werde ich euch auf diesem Weg, den ich mit euch begonnen habe, lehren und führen können.

29. AUGUST

Freut euch über das Leben, das eine Gabe Gottes ist. Meine lieben Kinder, freut euch über Gott, den Schöpfer, der euch so wunderbar geschaffen hat. Betet, damit euer Leben eine freudige Danksagung sei, die wie ein Fluß der Freude aus eurem Herzen strömt.

30. AUGUST

Ich habe eure Trennung nicht gewollt. Ich wünsche im Gegenteil, daß ihr eins seid. Ihr wißt, daß ich die Königin des Friedens bin. Wenn ihr einen praktischen Rat wollt: Ich bin die Mutter aus dem Volk. Ich kann nichts tun ohne die Hilfe Gottes. Auch ich muß beten wie ihr. Deshalb höre ich nicht auf, euch zu sagen: Betet, fastet, tut Buße und helft den Schwachen!

31. AUGUST

Ich verfüge nicht über alle Gnaden. Ich empfange von Gott, was ich durch das Gebet erhalte. Gott schenkt mir sein volles Vertrauen. Ich beschütze besonders diejenigen, die mir geweiht sind. Das große Zeichen ist gewährt. Es wird unabhängig von der Bekehrung der Menschen erscheinen.

Im Monat September

1. SEPTEMBER

Ich bin froh, weil ihr begonnen habt, das monatliche Fest des Sakraments der Versöhnung vorzubereiten. Für die ganze Welt wird dies gut sein. Harrt aus im Gebet. Das ist der wahre Weg, der euch zu meinem Sohn führt.

2. SEPTEMBER

Heute rufe ich euch erneut zum Gebet auf. Liebe Kinder, ihr seid unfähig, euch ein klares Bild vom Wert des Gebets zu machen, solange ihr nicht in eurem Innern sagt: «Jetzt ist die Zeit zum Gebet. Jetzt ist nichts wichtiger. Jetzt ist niemand wichtiger für mich als Gott.»

3. SEPTEMBER

Begebt euch nicht auf die Suche nach außergewöhnlichen Wegen. Nehmt vielmehr das Evangelium und lest es; dort ist alles klar.

4. SEPTEMBER

Jesus zieht es vor, wenn ihr euch nicht über einen Mittler, sondern direkt an ihn wendet. Wenn ihr euch jedoch Gott überlassen wollt und wenn ihr wünscht, daß ich eure Beschützerin sei, dann vertraut mir all eure Anliegen an, euer Fasten und eure Opfer, damit ich nach dem Willen Gottes darüber verfüge.

Wenn ihr stärker sein wollt als das Böse und wenn ihr wachsen wollt im Guten, dann erzieht euch zu einem wachen Gewissen.

5. SEPTEMBER

Ganz besonders sollt ihr darum beten, daß ihr vom Heiligen Geist erleuchtet werdet. Nehmt mich auf, liebe Kinder, damit es auch zu eurem Glück gereiche. Hört auf meine Botschaften! Hört auf mich!

Novene zum Fest Kreuzerhöhung

6. SEPTEMBER

Liebe Kinder, heute abend möchte ich euch einladen, in den Prüfungen standhaft zu bleiben. Heute noch leidet der Allmächtige wegen eurer Sünden. Wenn Leiden kommen, dann opfert sie auf für Gott.

Habt keine Angst vor Satan, das lohnt sich nicht. Denn mit demütigem Gebet und brennender Liebe kann man ihn entwaffnen.

7. SEPTEMBER

Ich bin oft auf dem Krizevac unter dem Kreuz, um dort zu beten. Jetzt bitte ich meinen Sohn, der Welt ihre Sünden zu vergeben. Die Welt hat begonnen, sich zu bekehren.

Übergebt euch Gott, damit Er euch heilen und trösten kann und daß Er all das, was in euch ein Hindernis auf dem Weg der Liebe ist, verzeihen kann. So wird Gott euer Leben verändern können, und ihr werdet in der Liebe wachsen.

8. SEPTEMBER

Seid euch bewußt, meine Lieben, daß ich eure Mutter bin und daß ich auf die Erde gekommen bin, um euch zu lehren, aus Liebe zu gehorchen, aus Liebe zu beten, und nicht weil ihr durch das Tragen eures Kreuzes dazu gezwungen werdet. Im Kreuz wird Gott durch jeden Menschen verherrlicht.

9. SEPTEMBER

Ich bitte euch, zieht euch in die Stille zurück. Ihr sollt nicht so sehr handeln als vielmehr Gott anbeten und bei Ihm verweilen.

Liebe Kinder, ihr werdet die göttliche Liebe nur in dem Maße annehmen können, in dem ihr versteht, daß euch Gott in den Kreuzen seine grenzenlose Liebe schenkt.

10. SEPTEMBER

Betet vor dem Kreuz. Vom Kreuz kommen große Gnaden. Weiht euch dem Kreuz. Lästert weder Jesus noch das Kreuz.

11. SEPTEMBER

Jesus erscheint den Sehern mit Dornen gekrönt und den Körper mit Wunden bedeckt!

Schaut mich an, wie ich verletzt und gepeinigt wurde. Dennoch habe ich gesiegt. Auch ihr, meine Engel, sollt ausharren in eurem Glauben. Betet, damit ihr siegt.

12. SEPTEMBER

Wenn ihr wegen einer gerechten Sache leidet, werden die Segnungen noch größer sein für euch.

13. SEPTEMBER

Während ihr in diesen Tagen voll Freude das Kreuz verehrt, wünsche ich euch, daß auch euer Kreuz euch zur Freude werde. Liebe Kinder, betet besonders, daß ihr Krankheit und Leiden mit Liebe annehmen könnt, wie sie auch Jesus angenommen hat. Nur so werde ich euch mit Freude die Gnaden und Heilungen schenken können, die mir Jesus erlaubt.

14. SEPTEMBER

Erneuert euer Gebet vor dem Kreuz. Liebe Kinder, ich gebe euch besondere Gnaden, und Jesus schenkt euch die besonderen Verdienste des Kreuzes. Nehmt sie an und lebt sie! Betrachtet das Leiden Jesu und vereinigt euch in eurem Leben mit Jesus.

(Ende der Novene zum Fest Kreuzerhöhung)

15. SEPTEMBER

Beginnt, euer Leben in den Familien zu ändern. Die Familie soll eine harmonische Blüte sein, die ich Jesus geben möchte. Liebe Kinder, jede Familie soll aktiv im Gebet sein, und ich will, daß man eines Tages in den Familien auch die Früchte sieht. Nur so kann ich euch in der Erfüllung der göttlichen Pläne wie Blütenblätter Jesus übergeben.

16. SEPTEMBER

Ich gebe euch das Beste, was ich einem Menschen geben kann: Ich gebe mich selbst und meinen Sohn.

Liebe Kinder, man lebt nicht nur von der Arbeit, man lebt auch vom Gebet.

17. SEPTEMBER

Auch heute lade ich euch ein, die Botschaften, die ich euch gebe, ernsthaft anzunehmen und zu leben. Liebe Kinder! Euretwegen bin ich so lange geblieben, damitich euch helfe, alle Botschaften, die ich euch gebe, zu verwirklichen.

18. SEPTEMBER

Betet und fastet, damit das Reich Gottes zu euch kommt. Mein Sohn entzünde euch mit seinem Feuer.

19. SEPTEMBER

Euer Gebet soll die Freude einer Begegnung mit dem Herrn sein! Ich kann euch nicht dahin führen, solange ihr nicht selbst die Freude am Gebet verspürt. Ich möchte euch gerne Tag für Tag führen, aber ich will euch nicht zwingen.

20. SEPTEMBER

Auch heute lade ich euch ein, daß jeder von euch sich erneut entscheidet, sich mir ganz zu übergeben. Nur so werde ich meinerseits jeden von euch Gott darbringen können.

Liebe Kinder, ihr wißt: Ich liebe euch unermeßlich und wünsche, daß jeder von euch mir gehöre! Aber Gott hat jedem die Freiheit gegeben, und ich achte sie in Liebe und Demut. Ich füge mich eurer Freiheit.

21. SEPTEMBER

Mache dir keine Sorgen, ich werde dir helfen.

22. SEPTEMBER

Ich danke euch für alle Opfer, aber ich rufe euch zu einem noch größeren Opfer auf, dem Opfer der Liebe. Ohne Liebe könnt ihr weder mich noch meinen Sohn bei euch aufnehmen. Ohne Liebe könnt ihr anderen nicht Zeugnis von euren Erfahrungen geben. Daher lade ich euch ein, liebe Kinder, fangt an, die Liebe in euren Herzen zu leben.

23. SEPTEMBER

Betet, betet, das Gebet wird euch alles geben. Durch das Gebet könnt ihr alles erhalten.

24. SEPTEMBER

Vor allem verzichtet auf die Fernsehprogramme. Sie sind eine große Gefahr für die Familien. Nachdem ihr sie angeschaut habt, könnt ihr nicht mehr beten. Verzichtet ebenso auf Alkohol, Tabak und alle Vergnügungen dieser Art.

25. SEPTEMBER

Danke für jedes Gebet. Fahrt fort zu beten, aber mit dem Herzen.

26. SEPTEMBER

Seid auf der Hut! Diese Zeit ist gefährlich für euch. Der Dämon wird versuchen, euch von meinem Weg abzubringen. Diejenigen, die sich Gott hingeben, werden Ziel seiner Angriffe sein.

27. SEPTEMBER

Wenn ihr wüßtet, wie sehr ich euch liebe, ihr würdet vor Freude weinen. Wenn jemand vor euch steht und euch um etwas bittet, so gebt ihr es ihm. Ich aber stehe vor so vielen Herzen, und sie bleiben verschlossen. Betet, damit die Welt meine Liebe annehme.

28. SEPTEMBER

Liebe Kinder, weiht alle Gebete, die ihr abends in euren Häusern verrichtet, der Bekehrung der Sünder, denn die Welt versinkt in großer Schuld. Betet jeden Abend den Rosenkranz.

Novene zum Fest Unserer Lieben Frau vom Rosenkranz

29. SEPTEMBER

Ich ermahne euch, den Rosenkranz zu beten. Ladet zu diesem Gebet ein. Mit dem Rosenkranz werdet ihr alle Schwierigkeiten besiegen, die Satan der Kirche entgegenstellt. Priester, betet den Rosenkranz! Nehmt euch die nötige Zeit für den Rosenkranz.

Ich rufe euch alle auf, liebe Kinder, daß ihr noch mehr betet und fastet. Ich rufe euch zur Entsagung für neun Tage auf, so daß mit eurer Hilfe alles, was ich durch die Geheimnisse, die ich in Fatima begonnen habe, verwirklicht werde.

30. SEPTEMBER

Dankt Gott für alle Gnaden, die Er euch gegeben hat. Dankt dem Herrn für alle Früchte und preist Ihn. Liebe Kinder, lernt, Ihm für die kleinen Dinge zu danken. Nur so werdet ihr imstande sein, Ihm auch für die großen Dinge zu danken.

Meine lieben Kinder, freut euch über Gott, den Schöpfer, der euch so wunderbar geschaffen hat!

Im Monat Oktober

1. OKTOBER

Gott hat mich zu euch gesandt, damit ich euch helfe. Wenn ihr das wollt, nehmt den Rosenkranz. Schon allein der Rosenkranz kann in der Welt und in eurem Leben Wunder wirken.

2. OKTOBER

Betet, betet, oh, betet! Das Gebet soll für euch nicht nur eine Gewohnheit sein, sondern eine Quelle des Glücks. Ihr sollt aus dem Gebet leben.

Betet die Gebete des Rosenkranzes langsam und betrachtend.

3. OKTOBER

Meine Kinder, betet und fastet. Ich wünsche euch zu stärken, aber das Gebet allein ist eure Stärke. Der Rosenkranz ist keine Zierde für das Haus, womit man es oft bewenden läßt. Sage allen, daß sie ihn beten sollen.

4. OKTOBER

Meine Kinder, betet! Die Welt ist von einem großen Taumel ergriffen. Sie weiß nicht, was sie tut. Sie ist sich nicht bewußt, in welcher Sünde sie versinkt. Sie braucht euer Gebet, damit ich sie aus dieser Gefahr befreien kann.

Habt keine Angst, vertraut euch dem Vater im Himmel an, betet so lange, bis ihr sicher seid, daß Er alles lenkt.

Gott hat den heiligen Franziskus zu seinem Auserwählten bestimmt. Es wäre gut, sein Leben nachzuahmen. Wir jedoch müssen das erfüllen, was Gott uns zu tun aufträgt.

5. OKTOBER

Alle Gebete, die ihr abends zu Hause betet, sollt ihr für die Bekehrung der Sünder beten, weil die Welt sich in großer Sünde befindet. Betet jeden Abend den Rosenkranz.

Ladet alle ein, den Rosenkranz zu beten.

6. OKTOBER

Ich wünsche, daß der Rosenkranz für euch lebendig wird.

Betet! Der Rosenkranz soll immer in euren Händen sein. Er ist für Satan das Zeichen, daß ihr mir gehört.

7. OKTOBER

Es gibt viele, die ihr Gebet beenden, ohne überhaupt hineingelangt zu sein.

Wenn ich zu euch sage: «Betet, betet», dann sollt ihr das nicht nur als eine Vermehrung von Gebeten verstehen. Es ist mein Wille, euch zu einer tiefen Gottessehnsucht zu führen, zu einer ständigen Sehnsucht nach Gott.

Alle eure Gebete berühren mich tief, besonders euer täglicher Rosenkranz.

(Ende der Novene zum Fest Unserer Lieben Frau vom Rosenkranz)

8. OKTOBER

Das Fasten ist im Lauf der letzten 25 Jahre in der katholischen Kirche vergessen worden.

Ich wünsche, daß ihr fortfahrt, zu beten und zu fasten.

9. OKTOBER

Wir sollen Jesus erfreuen, ihn glücklich machen.

Fahrt nur fort zu beten und seid glücklich, denn ich bin bei euch.

10. OKTOBER

Liebe Kinder! Ihr seid für die Botschaften verantwortlich. Hier ist die Gnadenquelle, und ihr, liebe Kinder, seid Gefäße, die diese Gaben überbringen. Daher, liebe Kinder, lade ich euch ein, daß ihr eure Aufgabe in voller Verantwortung ausführt. Jeder nach seinem Maß. Liebe Kinder, ich lade euch ein, diese Gaben mit Liebe den anderen weiterzugeben und nicht für euch selber zu behalten.

11. OKTOBER

Liebe Kinder! Heute lade ich euch zur Heiligkeit ein. Ohne Heiligkeit könnt ihr nicht leben. Deshalb besiegt mit Liebe jede Sünde. Durch Liebe könnt ihr alle Schwierigkeiten überwinden, die auf euch zukommen. Liebe Kinder, ich bitte euch, lebt die Liebe in euren Herzen.

12. OKTOBER

Heute lade ich euch ein, darüber nachzudenken, warum ich so lange bei euch bin. Ich bin Mittlerin zwischen euch und Gott. Deshalb, liebe Kinder, rufe ich euch auf, immer mit Liebe all das zu leben, was Gott von euch verlangt. Liebe Kinder, lebt in wahrer Demut alle Botschaften, die ich euch gebe.

13. OKTOBER

Haß erzeugt Zwietracht. Er sieht nichts und niemand. Ich lade euch ein, besonders dort Eintracht und Frieden zu verbreiten, wo ihr lebt. Liebe Kinder, tut alles aus Liebe. Euer einziges Hilfsmittel sei immer die Liebe. Wendet durch die Liebe alles zum Guten, was Satan zerstören und sich aneignen will. Nur so gehört ihr mir ganz und kann ich euch helfen.

14. OKTOBER

Ihr feiert die Eucharistie nicht so, wie ihr solltet. Wenn ihr wüßtet, welche Gnade und welche Gabe ihr empfangt, würdet ihr euch jeden Tag mindestens eine Stunde lang darauf vorbereiten! Ihr solltet einmal im Monat beichten gehen. Ihr solltet jeden Monat drei

Tage der Versöhnung widmen: Den ersten Freitag im Monat sowie den darauffolgenden Samstag und Sonntag.

15. OKTOBER

Heute möchte ich euch meine Liebe schenken. Es ist euch nicht bewußt, liebe Kinder, wie groß meine Liebe ist. Deshalb könnt ihr sie nicht annehmen. Auf verschiedene Weisen möchte ich sie euch zeigen, aber ihr, liebe Kinder, erkennt sie nicht. Ihr erfaßt meine Worte nicht mit dem Herzen. Deshalb könnt ihr auch meine Liebe nicht verstehen. Liebe Kinder, nehmt mich in euer Leben auf, so werdet ihr alles annehmen können, was ich euch sage und wozu ich euch einlade.

16. OKTOBER

Heute lade ich euch von neuem zur vollkommenen Umkehr ein, die für diejenigen schwer ist, die sich für Gott nicht entschieden haben. Liebe Kinder, ich rufe euch zur vollkommenen Umkehr zu Gott auf. Gott kann euch alles geben, was ihr bei Ihm sucht. Ihr aber sucht Gott erst dann, wenn Krankheiten, Probleme und Schwierigkeiten über euch kommen. Dann glaubt ihr, daß Gott weit weg ist von euch, daß Er euch nicht hört und daß Er eure Gebete nicht vernimmt. Nein, liebe Kinder, das ist nicht wahr. Wenn ihr weit von Gott entfernt seid, könnt ihr keine Gnaden empfangen, weil ihr sie nicht mit festem Glauben verlangt. Ich bete weiterhin für euch und will euch immer näher zu Gott hinführen. Aber ich kann dies nicht, wenn ihr nicht wollt. Liebe Kinder, legt euer Leben in die Hände Gottes. Ich segne euch alle.

17. OKTOBER

Liebe Kinder, in diesen Tagen will der Satan alle meine Pläne vereiteln. Betet mit mir, daß sein Plan nicht in Erfüllung gehe. Ich werde meinen Sohn Jesus bitten, euch die Gnade zu geben, daß ihr in den Versuchungen durch Satan den Sieg Jesu erfahrt.

18. OKTOBER

Ich wünsche, daß in dieser Zeit das Volk mit mir betet. Es soll immer noch mehr beten. Fastet streng mittwochs und freitags. Betet, wann dies möglich ist, jeden Tag den ganzen Rosenkranz, das heißt, die freudenreichen, die schmerzreichen und die glorreichen Geheimnisse.

19. OKTOBER

Einige fangen an, zu beten und zu fasten, wie es ihnen angegeben wurde, aber sie sind es schnell müde und verlieren so die Gnaden, die sie schon erlangt hatten.

Betet, fastet und laßt Gott machen.

20. OKTOBER

Ihr seid auf einem Tabor. Ihr empfangt Segen, Kraft und Liebe. Tragt sie in eure Familien und in eure Häuser. Jedem von euch gewähre ich einen besonderen Segen. Bleibt weiterhin in der Freude, im Gebet und in der Versöhnung.

21. OKTOBER

Liebe Kinder, an diesem Tag hat euch der Herr große Gnaden erteilt. Diese Woche soll für euch eine Danksagung sein für alle Gnaden, die Gott euch erteilt hat.

22. OKTOBER

Bleibt eins, streitet euch nicht, haltet Unordnung fern. Meine Engel, ich mache euch zu aufmerksamen Menschen, ich führe euch auf einem sicheren Weg.

23. OKTOBER

Betet! Ich brauche dringend eure Gebete. Gebt mir eure Herzen.

Betet, denn das Gebet ist Leben. Durch das Leben und in ihm lebt ihr im Gebet.

Novene zum Fest Allerheiligen

24. OKTOBER

Liebe Kinder, ich bitte euch, von heute an den Weg der Heiligkeit anzunehmen. Ich liebe euch, und deshalb wünsche ich, daß ihr heilig seid. Ich möchte nicht, daß euch Satan auf diesem Weg aufhält. Liebe Kinder, nehmt alles an, was Gott euch auf diesem Weg, der schmerzhaft ist, darbietet. Wer aber diesen Weg zu gehen beginnt, dem enthüllt Gott die ganze Wonne, und er wird frohen Herzens jedem Ruf Gottes folgen. Richtet die Aufmerksamkeit nicht auf die kleinen Dinge, sondern strebt nach dem Himmel!

25. OKTOBER

Was für eine Freude bereitet ihr mir alle, die ihr auf dem Weg der Heiligkeit seid! Ich bitte euch, helft durch euer Zeugnis allen, die nicht heiligmäßig leben können. Deshalb soll eure Familie der Ort sein, wo die Heiligkeit geboren wird. Helft allen, heilig zu leben, besonders aber euren eigenen Familienangehörigen.

26. OKTOBER

Heute lade ich euch alle ein: Entscheidet euch für das Paradies! Der Weg ist für diejenigen schwer, die sich nicht für Gott entschieden haben.

Liebe Kinder, entscheidet euch und glaubt, daß Gott sich euch in seiner Fülle anbietet. Ihr seid berufen, und ihr sollt auf den Ruf des Vaters antworten, der euch durch mich ruft. Betet, denn im Gebet wird jeder von euch die vollkommene Liebe erreichen können. Ich segne euch und möchte unter meinem mütterlichen Mantel jedem von euch helfen.

27. OKTOBER

Liebe Kinder, sucht mit Hilfe des Gebets eure Herzen glücklich zu machen. Liebe Kinder, seid die Freude aller, seid die Hoffnung für jeden Menschen. Dies könnt ihr nur durch das Gebet erreichen. Betet, betet!

28. OKTOBER

Liebe Kinder, Satan ist stark, er lauert jedem von euch auf, um euch zu versuchen. Betet, so wird er euch nicht schaden können und euch auf dem Weg der Hei-

ligkeit nicht aufhalten können. Liebe Kinder, wachst Tag für Tag im Gebet so viel wie möglich zu Gott hin.

Ich wünsche, daß ihr das Abbild Jesu seid.

29. OKTOBER

Liebe Kinder, verlangt von Gott die Gnaden, die Er euch durch mich geben will. Ich bin bereit, von Gott alles zu erbitten, wonach ihr verlangt, damit eure Heiligkeit vollkommen sei.

Ich bin mit euch und halte bei Gott für euch Fürsprache. Betet, denn Satan möchte meine Pläne des Friedens zerstören. Versöhnt euch und helft mit eurem Leben, daß der Friede auf der ganzen Welt zu herrschen beginnt.

30. OKTOBER

Ich liebe euch. Liebt mich. Liebt einander. Es genügt nicht zu beten. Ihr müßt euer Leben ändern, euer Herz.

31. OKTOBER

Öffnet eure Herzen dem Herrn aller Herzen. Vertraut mir alle eure Gefühle und alle eure Probleme an. Ich will euch in all euren Prüfungen trösten. Ich will eure Herzen mit Frieden, Freude und Liebe erfüllen.

Im Monat November

1. NOVEMBER

Öffnet eure Herzen dem Heiligen Geist! Der Heilige Geist wirkt jetzt durch euch. Öffnet eure Herzen und übergebt euer Leben Jesus, damit er in euren Herzen wirkt und euch im Glauben festigt.

Was für eine Freude bereitet ihr mir, die ihr auf dem Weg der Heiligkeit seid!

(Ende der Novene zum Fest Allerheiligen)

2. NOVEMBER

Liebe Kinder! Heute möchte ich euch einladen, daß ihr Tag für Tag für die Armen Seelen im Fegefeuer betet. Jede Seele braucht das Gebet und die Gnade, um zu Gott und zu seiner Liebe zu gelangen. Dadurch gewinnt auch ihr, liebe Kinder, neue Fürsprecher, die euch im Leben helfen werden zu begreifen, daß die irdischen Dinge für euch nicht wichtig sind, sondern allein der Himmel, nach dem ihr euch sehnen sollt. Deshalb, liebe Kinder, betet ohne Unterlaß, um euch und auch anderen helfen zu können, denen dieses Gebet Freude bringen wird.

3. NOVEMBER

Im Fegefeuer gibt es viele Seelen. Es gibt sogar gottgeweihte Personen dort: Priester, Ordensleute. Betet für ihre Anliegen mindestens 7 Vater unser, 7 Gegrüßet seist du Maria, 7 Ehre sei dem Vater und das Glaubensbekenntnis. Ich empfehle es euch. Es gibt viele Seelen, die seit langem im Fegefeuer sind, weil niemand für sie betet.

4. NOVEMBER

Nicht an Allerseelen, sondern an Weihnachten verlassen die meisten Seelen das Fegefeuer. Es gibt Seelen im Fegefeuer, die inständig zu Gott beten, aber für die kein Verwandter oder Freund auf der Erde mehr betet. Gott läßt ihnen die Gebete anderer Menschen auf der Erde zugutekommen. Es kommt vor, daß Gott ihnen erlaubt, sich auf verschiedene Weise bei den Ihren auf der Erde zu zeigen, um die Menschen an die Existenz des Fegefeuers zu erinnern und um sie dringend um ihr Gebet bei Gott zu bitten, der gerecht, aber gut ist. Die meisten Menschen kommen ins Fegefeuer. Viele kommen in die Hölle. Eine kleine Anzahl geht direkt in den Himmel.

5. NOVEMBER

Die Menschen, die in die Hölle kommen, wollen nicht die geringste Wohltat von Gott mehr empfangen. Sie bereuen nicht, sie hören nicht auf, zu fluchen und gegen Gott zu lästern. Sie entscheiden sich für das Leben in der Hölle und haben gar nicht die Absicht, sie zu verlassen.

Der Herr hat jedem seinen freien Willen gegeben.

6. NOVEMBER

Ich, eure Mutter, liebe euch und ermuntere euch zum Gebet. Ich werde niemals müde, euch auch dann noch zu rufen, wenn ihr weit weg von meinem Herzen seid. Ich empfinde Schmerz über jeden, der auf Irrwegen geht, vergebe aber leicht und freue mich über jedes Kind, das zu mir zurückkehrt.

7. NOVEMBER

Die Seherin Mirjana ist erschreckt über das 8. Geheimnis und bittet die Jungfrau, einzugreifen, damit die Menschheit von diesem Unglück verschont bleibe.

Ich habe gebetet; die Strafe ist gemildert worden. Das wiederholte Beten und das Fasten mildern die Strafen Gottes, aber es ist nicht möglich, die Strafe völlig zu verhindern. Geh durch die Straßen der Stadt, zähle diejenigen, die Gott verherrlichen, und diejenigen, die ihn beleidigen. Gott kann dies nicht länger ertragen.

Gebt euch ohne jede Einschränkung Gott hin.

8. NOVEMBER

Sorgt euch nicht zu sehr um die Dinge dieser Welt. Vertraut alles im Gebet unserem Vater im Himmel an. Wenn man sich zu viele Sorgen macht, kann man nicht gut beten, weil die innere Heiterkeit fehlt. Gott wird helfen, die irdischen Angelegenheiten zu einem guten Ende zu führen, wenn man sich bemüht, für die seinen zu arbeiten.

9. NOVEMBER

Verzichtet auf alle ungeordneten Leidenschaften und Wünsche. Meidet das Fernsehen, übertriebenen Sport, unangebrachten Genuß von Nahrung und Getränken, den Alkohol, den Tabak, usw.

10. NOVEMBER

Es regnet gerade, und ihr sagt: «Es ist unvernünftig, in diesem Schmutz zur Kirche zu gehen. Warum regnet es so viel? Warum hört der Regen nicht auf?» Sprecht nie mehr so. Ihr habt unablässig gebetet, daß Gott euch den Regen schicke, der die Erde befruchtet. Jetzt wendet euch nicht gegen den Segen Gottes. Vor allem sollt ihr Ihm danken durch Gebet und Fasten.

11. NOVEMBER

Liebe Kinder, heute lade ich euch alle zum Gebet ein. Ohne Gebet, liebe Kinder, könnt ihr weder Gott, noch mich, noch die Gnaden fühlen, die ich euch gebe. Deshalb bitte ich euch, daß ihr den Tag immer mit Gebet beginnt und mit Gebet beendet. Liebe Kinder, ich möchte euch soviel wie möglich Tag für Tag zum Gebet führen. Ihr könnt jedoch nicht in dieser Richtung wachsen, solange ihr es nicht wünscht. Ich ermahne euch, liebe Kinder, dem Gebet immer den ersten Platz zu geben.

12. NOVEMBER

Betet, und tut es mit glühendem Eifer. Schließt die ganze Welt in euer Gebet ein. Betet, denn das Gebet bewirkt Leben.

13. NOVEMBER

Ganz besonders lade ich euch ein, an der heiligen Messe teilzunehmen.

Betet und fastet! Ich wünsche, daß in euren Herzen Gebet und Fasten zur Blüte kommen.

14. NOVEMBER

Bei Gott gibt es keinen Unterschied der Person. Die Religion darf die Menschen nicht voneinander absondern. Ihr müßt jeden Menschen in seinem Glauben achten und dürft ihn nicht wegen seiner Überzeugungen geringschätzen.

15. NOVEMBER

Ich weiß, daß viele euch nicht glauben werden. Und daß viele, die einen leidenschaftlichen Glauben haben, erkalten werden. Ihr aber sollt festbleiben und die Menschen zu inständigem Gebet, zur Buße und zur Umkehr ermuntern. Am Ende werdet ihr selbst am glücklichsten sein.

16. NOVEMBER

Meine lieben Kinder, bringt eure Leiden Gott dar, damit sie zu einer wunderschönen Blume der Freude werden. Deshalb, liebe Kinder, betet, damit ihr begreift, daß das Leiden zur Freude werden kann und das Kreuz zum Weg der Freude.

17. NOVEMBER

Heute lade ich euch ein, in eurem Leben die Liebe gegenüber Gott und dem Nächsten zu leben. Ohne Liebe könnt ihr, liebe Kinder, nichts tun. Deshalb lade ich euch ein, untereinander in Liebe zu leben. Nur so werdet ihr mit mir all jene lieben und aufnehmen können, die um euch sind und die in eure Pfarrei kommen. Alle werden dann meine Liebe durch euch erfahren. Daher bitte ich euch: Fangt heute an, mit brennender Liebe zu lieben; mit jener Liebe, mit der ich euch liebe.

18. NOVEMBER

Begreift, daß ihr nichts seid, ihr seid machtlos. Wirklich nichts. Der Vater im Himmel, Er wird alles verwirklichen.

19. NOVEMBER

Ihr wißt, daß ich euch auf dem Weg der Heiligkeit führen möchte. Aber ich will euch nicht zwingen, Heilige zu werden. Ich wünsche, daß jeder von euch sich selbst und mir durch seine kleinen Opfer hilft. So werde ich euch führen können, und ihr werdet der Heiligkeit jeden Tag näherkommen. Deshalb, liebe Kinder, will ich euch nicht zwingen, die Botschaften zu leben, aber diese lange Zeit, die ich bei euch bin, ist ein Zeichen der unermeßlichen Liebe, die ich euch entgegenbringe. Ich wünsche, daß jeder von euch ein Heiliger wird.

20. NOVEMBER

Heute rufe ich euch zum Gebet auf, damit die Pläne Gottes mit euch in Erfüllung gehen und auch alles, was Gott durch euch erreichen will.

21. NOVEMBER

Liebe Kinder, laßt nicht zu, daß Satan zum Herrn eurer Herzen wird, denn dann werdet ihr zu seinem und nicht zu meinem Abbild. Ich rufe euch zum Beten auf, damit ihr zu Zeugen meiner Gegenwart werdet. Ohne euch kann der Herr nicht das verwirklichen, was er vorhat. Gott hat jedem einen freien Willen gegeben, und ihr könnt darüber verfügen.

22. NOVEMBER

Jeder von euch hat eine besondere Gabe, die ihm eigen ist und die er nur von innen her verstehen kann.

23. NOVEMBER

Wenn du eine Gabe von Gott empfangen hast, so sei stolz darauf. Aber sage nicht, daß sie aus dir stammt, sondern sage unmißverständlich, daß sie von Gott kommt.

24. NOVEMBER

Ich möchte euch sagen, daß dies eine besondere Zeit für euch und für die Pfarrei ist. Im Sommer sagt ihr, daß ihr viel Arbeit habt. Derzeit gibt es auf dem Feld keine Arbeit. So möchte ich euch einladen: Arbeitet an euch selber! Kommt zur Messe, diese Zeit wird euch geschenkt. Liebe Kinder! Es sind viele, die trotz des schlechten Wetters regelmäßig kommen, denn sie lieben mich und wollen mir ihre Liebe zeigen. Ich bitte euch alle, daß ihr mir eure Liebe erweist, indem ihr zur Messe kommt. Der Herr wird euch reichlich belohnen.

25. NOVEMBER

Ich lade euch ein, durch euren Frieden behilflich zu sein, daß die anderen den Frieden sehen und ihn zu suchen beginnen. Ihr seid im Frieden, liebe Kinder, und könnt nicht begreifen, was Unfriede bedeutet. Daher rufe ich euch auf, durch euer Gebet und euer Leben zu helfen, daß in allen Menschen das Böse vernichtet und die Irreführung, der sich der Satan bedient, aufgedeckt wird. Betet, daß die Wahrheit in allen Herzen den Sieg davontrage.

26. NOVEMBER

Es ist nicht einerlei, ob man in dieser oder in jener religiösen Gemeinschaft betet. Die Gegenwart des Heiligen Geistes ist nicht in allen Kirchen gleich stark. Und die Kraft des Heiligen Geistes, die in den Priestern wirkt, die diese Gemeinschaften leiten, ist nicht die gleiche. Nicht alle Gläubigen beten auf dieselbe Weise.

27. NOVEMBER

Wenn ihr Schwierigkeiten habt und etwas braucht, dann kommt zu mir.

28. NOVEMBER

Der Teufel versucht, Macht über euch zu gewinnen, aber ihr müßt festbleiben und im Glauben ausharren. Ihr müßt beten und fasten. Ich werde euch immer nahe sein.

Meine lieben Engel, geht hin im Frieden Gottes!

29. NOVEMBER

Donnerstags soll jeder seine eigene Weise finden, wie er fastet: Wer raucht, soll auf das Rauchen verzichten. Wer Alkohol trinkt, soll nicht trinken. Jeder soll auf etwas verzichten, was ihm lieb ist.

Novene zum Fest Mariä Empfängnis

(Hochfest der ohne Erbsünde empfangenen Jungfrau und Gottesmutter Maria)

30. NOVEMBER

Betet, betet! Die Pfarrei soll während der Novene zum Fest der Unbefleckten Empfängnis jeden Tag zu den Herzen Jesu und Mariens beten.

Betet und sucht mehr Zeit für Jesus; dann werdet ihr alles begreifen und annehmen können, auch die schwersten Krankheiten und Kreuze.

Im Monat Dezember

1. DEZEMBER

Feiert die kommenden Tage. Freut euch mit meinem Sohn. Laßt die Eintracht unter euch herrschen.

Liebt einander, meine Kinder. Ihr seid Brüder und Schwestern.

2. DEZEMBER

Ich gebe euch mein Herz, nehmt es auf!

Wichtig ist, zum Heiligen Geist zu beten, damit er auf euch herabkomme. Wenn man ihn hat, hat man alles.

3. DEZEMBER

Betet! Ich wünsche, eure Herzen zu läutern. Betet! Das ist unerläßlich, denn Gott gibt die größten Gnaden, wenn ihr betet.

4. DEZEMBER

Meine lieben Kinder, ich bin so glücklich, euch beten zu sehen. Betet mit mir, damit sich der Plan Gottes dank eurer und meiner Gebete erfüllt. Betet mehr und inniger.

5. DEZEMBER

Habt die Liebe Gottes immer in euch, denn ohne diese Liebe könnt ihr euch nicht völlig bekehren. Der Rosenkranz soll zum Gedächtnis an Jesus immer in euren Händen sein.

6. DEZEMBER

Liebe Kinder, werdet nicht hochmütig, weil ihr die Botschaften lebt. Wenn ihr die Botschaften in euren Herzen tragt und wenn ihr sie lebt, dann werden alle es merken. Es wird dann keiner Worte bedürfen, die man nur jenen wiederholen muß, die nicht zuhören. Für euch ist es nicht nötig, daß ihr euch in Worten ausdrückt. Euer Zeugnis geschieht durch euer Leben.

Ich habe dir meine Liebe gegeben, damit du sie den anderen gibst.

7. DEZEMBER

Morgen wird wirklich ein gesegneter Tag für euch sein, wenn jeder Augenblick meinem unbefleckten Herzen geweiht wird. Liefert euch mir aus. Bemüht euch, in der Freude zu wachsen, im Glauben zu leben, eure Herzen zu ändern.

Ich habe nur einen Wunsch für das morgige Fest. Ich bitte euch, wenigstens eine Viertelstunde lang Zeit zu finden, damit ihr vor mir dasein und mir eure Sorgen anvertrauen könnt. Niemand wird euch besser verstehen als ich.

8. DEZEMBER

Weiht euch dem unbefleckten Herzen. Gebt euch völlig hin. Ich werde euch beschützen. Ich werde zum Heiligen Geist beten. Betet auch ihr zu ihm.

Betet, daß euer Leben eine freudige Danksagung sei, die wie ein Fluß der Freude aus eurem Herzen strömt.

(Ende der Novene zum Fest Mariä Empfängnis)

9. DEZEMBER

Wenn ihr Schwierigkeiten habt oder etwas braucht, dann kommt zu mir.

Habt vor nichts Angst. Vergeßt das, was im Leben hinter euch liegt. Ich will nur eines: daß ihr neue Menschen seid. Habt vor nichts Angst, denn ich bin euch nahe. Ich liebe euch.

10. DEZEMBER

Wenn ihr nicht die Kraft habt, bei Wasser und Brot zu fasten, so könnt ihr auf verschiedene Dinge verzichten. Es wäre sehr gut, auf das Fernsehen zu verzichten, denn wenn ihr die Fernsehprogramme angeschaut habt, seid ihr zerstreut und unfähig zu beten. Ihr könnt auf Alkohol verzichten, auf Zigaretten und auf andere Vergnügungen. Ihr wißt selbst, was ihr tun müßt. Lobt Gott, verherrlicht Ihn und singt, meine Engel.

11. DEZEMBER

Liebe Kinder, ich liebe euch. Liebe Kinder, ich lade euch ein, in dieser gnadenvollen Zeit besonders zu beten, daß ihr die Freude der Begegnung mit dem neugeborenen Jesus erfahrt. Liebe Kinder, ich wünsche, daß ihr diese Tage so erlebt, wie ich sie erlebe. Mit Freude möchte ich euch führen und euch die Freude zeigen, zu der ich jeden von euch hinführen möchte. Deshalb, liebe Kinder, betet und gebt euch mir ganz hin!

12. DEZEMBER

Betet und fastet! Ich wünsche, daß das Gebet sich jeden Tag in euren Herzen erneuere. Betet mehr, ja, jeden Tag mehr.

Übergebt euch Gott, daß Er euch heilen und trösten kann und daß Er all das, was in euch ein Hindernis auf dem Weg der Liebe ist, verzeihen kann. So kann Gott euer Leben verändern, und ihr werdet in der Liebe wachsen.

13. DEZEMBER

In Vorbereitung auf Weihnachten lade ich euch ein, daß wir gemeinsam Jesus loben. An jenem Tag übergebe ich euch Jesus auf besondere Weise, und ich lade euch ein, Jesus und seine Geburt mit mir zu feiern. Liebe Kinder, an jenem Tag betet mehr und denkt mehr an Jesus!

14. DEZEMBER

Ich wünsche, daß ihr die Blume seid, die an Weihnachten für Jesus blüht. Die Blume, die mit dem Ende der Weihnachtszeit nicht verblüht. Eure Herzen sollen die Hirten Jesu bei der Krippe werden!

15. DEZEMBER

Bezüglich Vorhersagen von Katastrophen:

Dies kommt von den falschen Propheten. Sie sagen: An jenem Tag, an jenem Datum wird es eine Katastrophe geben. Ich habe immer gesagt, daß das Unglück eintreten wird, wenn sich die Welt nicht bekehrt. Ruft die Welt zur Umkehr auf. Alles hängt von eurer Bekehrung ab.

16. DEZEMBER

Ich wünsche, daß in euch eine große Liebe, ein großer Friede erblühe. Deshalb betet!

Feiert die kommenden Tage!

Freut euch mit meinem Sohn!

Novene zum Weihnachtsfest

17. DEZEMBER

Ich bitte euch: Betet während dieser Weihnachtsnovene soviel ihr könnt.

18. DEZEMBER

Ihr wißt, daß sich der Tag der Freude nähert, aber ohne Liebe werdet ihr nichts erreichen. Deswegen fangt zunächst an, eure eigene Familie zu lieben, alle in der Pfarrei, und dann werdet ihr alle jene empfan-

gen und lieben können, die hierher kommen. Diese Woche soll eine Woche sein, in der ihr lernen sollt, zu lieben.

19. DEZEMBER

Heute möchte ich euch zur Nächstenliebe aufrufen. Wenn ihr euren Nächsten liebt, werdet ihr die Gegenwart Jesu mehr erfahren, besonders am Weihnachtstag. Gott wird euch mit reichen Gaben beschenken, wenn ihr euch Ihm hingebt! Am Weihnachtstag werde ich allen Müttern einen besonderen Segen erteilen; und meinen Segen allen anderen.

20. DEZEMBER

Ich lade euch ein, daß ihr euch mit Buße, Gebet und Taten der Liebe auf Weihnachten vorbereitet. Kümmert euch nicht so sehr um die materiellen Dinge, liebe Kinder, denn dann werdet ihr Weihnachten nicht erleben können.

Ich wünsche, daß sich durch jeden von euch der Plan Gottes erfüllt und daß alles wachse, was euch Gott ins Herz gegeben hat.

21. DEZEMBER

Liebe Kinder, dies sind Tage, in denen der Herr allen, die Ihm ihr Herz öffnen, besondere Gnaden gewährt. Ich segne euch, liebe Kinder, und wünsche, daß auch ihr diese Gnaden erfahrt. Stellt euch dem Herrn zur Verfügung, damit Er sich durch euch verherrlichen kann. Mein Herz folgt aufmerksam jedem eurer Schritte.

22. DEZEMBER

Feiert die kommenden Tage. Freut euch mit meinem Sohn! Liebt euren Nächsten. Laßt die Eintracht unter euch walten.

23. DEZEMBER

Ich möchte euch zum Miterleben der heiligen Messe einladen. Viele von euch haben die Freude und die Schönheit der heiligen Messe erfahren, und es gibt auch solche, die ungern zur Messe kommen. Ich habe euch auserwählt, liebe Kinder, und Jesus gibt euch seine Gnaden in der heiligen Messe. Daher lebt bewußt die heilige Messe. Kommt voller Freude. Kommt mit Liebe und nehmt mit Liebe die heilige Messe an.

24. DEZEMBER

Diese Weihnacht wird unvergeßlich für euch werden, wenn ihr mir folgt. Stellt das Fernsehen und das Radio ab. Schaltet das «Programm Gottes» ein: Betrachtung, Gebet, Lesung des Evangeliums. Bereitet euch mit Glauben darauf vor. Wenn ihr die Liebe verstanden habt, dann wird euer Leben voller Glückseligkeit sein.

Der Glaube kann nicht lebendig sein ohne Gebet.

25. DEZEMBER

Freut euch mit mir. Mein Herz freut sich Jesu wegen. Ich werde ihn euch mit Liebe geben.

Lobt Gott, verherrlicht Ihn und singt, meine Engel! Liebe Kinder, ich wollte, daß die ganze Welt mein Kind wäre, aber sie will nicht. Ich will alles für sie geben. Deshalb betet! Nicht an Allerseelen, sondern an Weihnachten verläßt die größte Zahl Armer Seelen das Fegefeuer.

Seid alle glücklich, mein Segen soll euch auf Schritt und Tritt begleiten.

(Ende der Novene zum Weihnachsfest)

26. DEZEMBER

Ich möchte mich bei allen bedanken, die meine Botschaften gehört und die am Weihnachtstag gelebt haben, was ich zuvor gesagt hatte. Von nun an seid ihr rein von euren Sünden. Ich möchte euch gerne in der Liebe, die in euren Herzen lebt, weiterführen.

27. DEZEMBER

Liebe Kinder, diese Weihnacht wollte der Satan auf besondere Weise Gottes Pläne verhindern. Genau am Weihnachtstag habt ihr ihn erkannt. Aber Gott ist Sieger in euren Herzen. Überlaßt eure Herzen der Freude.

28. DEZEMBER

Willst auch du dich für das Heil der Welt aufopfern? Ich brauche eure Opfer.

Das Gebet ist ein Gespräch mit Gott. Bei jedem Gebet müßt ihr auf die Stimme Gottes hören. Ohne Gebet kann man nicht leben. Das Gebet ist das Leben!

29. DEZEMBER

Verliere keine Zeit. Bete und liebe. Du kannst dir nicht einmal vorstellen, wie mächtig Gott ist. Heute, liebe Kinder, lade ich euch ein, daß ihr in euren Familien jeden Tag die Bibel lest. Sie soll an sichtbarer Stelle liegen, damit sie euch immer zum Lesen und zum Beten anregt. Meine lieben Kinder, dankt ohne Unterlaß für alles, was ihr besitzt, auch für jede kleinste Gabe, die ihr Gott verdankt. So wird immer der Segen der Freude am Herrn auf euch herabkommen.

30. DEZEMBER

Ich danke euch allen, die ihr das ganze Jahr über trotz Schnee, Glatteis und schlechtem Wetter so zahlreich gekommen seid, um zu Jesus zu beten. Macht weiter, haltet aus im Leiden. Ihr wißt doch, daß, wenn ein Freund euch um etwas bittet, ihr es ihm gebt. Das gilt auch für Jesus: Wenn ihr ohne Unterlaß betet und trotz eurer Müdigkeit kommt, so wird er euch alles geben, worum ihr ihn bittet. Deshalb betet!

31. DEZEMBER

Dies sind meine letzten Erscheinungen bei den Menschen. Mit den Ereignissen, die sich vorbereiten und die schon nahe sind, wird dem Satan die Macht, die er noch besitzt, genommen werden. Das gegenwärtige Jahrhundert stand unter seiner Macht. Jetzt, da ihm bewußt wird, daß er die Schlacht verlieren wird, verstärkt er seine Angriffe. Er greift die Familie an, er entzweit die Ehegatten. Er verursacht Spaltungen unter den Priestern und geht sogar zu körperlichen Angriffen über. Beschützt euch vor allem durch das Gebet, durch geheiligte und geweihte Gegenstände, durch das Gebet in Gemeinschaft. Ich wünsche, daß ihr das neue Jahr in Gebet und Buße verbringt. Harrt aus im Gebet und in den Opfern. Ich werde euch beschützen und eure Gebete erhören.

Für euch wünsche ich nur, daß dieses neue Jahr wirklich heilig sei. Geht also heute beichten und läutert euch im Hinblick auf das neue Jahr.

Was euch betrifft, haltet durch und seid stolz auf jedes meiner Worte!

Nachwort

Sie haben soeben Ihr Jahr mit Maria zu Ende gebracht. Werfen Sie einen Blick zurück. Ermessen Sie den Weg, den Sie zurückgelegt haben. Vergleichen Sie ihre jetzige geistige Verfassung mit derjenigen, in der Sie sich vor 365 Tagen befanden...

Geistig voranzuschreiten ist ein Leben lang unsere Aufgabe, ist überhaupt die große Aufgabe unseres Lebens. Beunruhigen Sie sich also nicht, wenn Sie heute das Ziel noch nicht erreicht haben, das den eindringlichen und anspruchsvollen Bitten Mariens entspricht. Das Wesentliche ist, daß die Kurve Ihres Fortschritts ansteigend ist.

Morgen beginnen Sie einen neuen Abschnitt von 365 Tagen. Gehen Sie erneut an den Anfang dieses Buches zurück. Am nächsten 31. Dezember werden Sie eine zusätzliche Wegstrecke auf Ihrem geistigen Weg durchschritten haben, deren Länge nur von Ihnen abhängt. Und von der Gnade Gottes.

Vor allem aber, nehmen Sie Ihren Pilgerstab mit Freude zur Hand. Von Jahr zu Jahr gelangen Sie dann auf Höhen, die Sie beglücken werden. Die heilige Jungfrau ist die sicherste Führerin zum Herrn. Auf sie sollten Sie jeden Tag mit brennender Liebe hören. Hören mit dem Herzen. Mit ihr zusammen, an ihrer mütterlichen Hand, werden Sie auf ein unbeschreibliches Glück zugehen; mitten in den Prüfungen des Lebens...

Hören Sie noch einmal auf ihre Worte: «Ich gebe euch Kraft. Ich werde euch immer Kraft geben. Meine Freude ist nicht vollkommen, solange nicht auch ihr voller Freude seid.»

Novene zu den Drei Personen der Allerheiligsten Dreifaltigkeit

Novene zum Vater im Himmel

Erster Tag: Entscheidet euch für das Paradies. Alle lade ich euch heute dazu ein. Der Weg ist schwierig für den, der sich nicht für Gott entschieden hat. Liebe Kinder, entscheidet euch und glaubt, daß Gott sich euch in seiner Fülle schenkt. Ihr seid berufen. Ihr müßt auf den Ruf des Vaters im Himmel antworten. Er lädt euch durch mich ein.

Zweiter Tag: Sorgt euch nicht zu sehr um die Dinge dieser Welt. Übergebt dies alles im Gebet unserem Vater im Himmel. Wenn man sich zu viele Sorgen macht, kann man nicht gut beten, weil die innere Ruhe fehlt. Gott wird dazu verhelfen, daß unsere irdischen Dinge zu einem guten Ende gelangen, wenn man sich bemüht, für die seinen zu arbeiten.

Dritter Tag: Begreift doch, daß ihr nichts seid. Ihr seid ohnmächtig. Wirklich nichts. Der Vater im Himmel, Er wird alles verwirklichen.

Vierter Tag: In meinen Botschaften empfehle ich allen, besonders aber dem Heiligen Vater, die Botschaft zu verbreiten, die ich hier in Medjugorje von meinem Sohn erhalten habe. Ich möchte dem Papst das Wort anvertrauen, mit dem ich hierher gekommen bin: «MIR», «FRIEDEN». Er soll es überall verbreiten. Hier ist eine Botschaft speziell für ihn: Er soll das christliche Volk durch seine Worte und seine Predigten sammeln. Er soll vor allem bei den Jugendlichen die Botschaften bekannt machen, die er in seinen Gebeten vom Vater im Himmel immer dann erhält, wenn Gott ihm eine Eingebung schenkt.

Fünfter Tag (Joh 14, 6-7): **«Ich bin der Weg, die Wahrheit und das Leben. Niemand kommt zum Vater außer durch mich. Wenn ihr mich erkannt habt, werdet ihr auch meinen Vater erkennen. Schon jetzt kennt ihr Ihn und habt Ihn gesehen.»**

Sechster Tag (Joh 14, 11-13): **«Ich bin im Vater, und der Vater ist in mir (...). Amen, amen, ich sage euch: Wer an mich glaubt, wird die Werke, die ich vollbringe, auch vollbringen, und er wird noch größere vollbringen, denn ich gehe zum Vater. Alles, um was ihr in meinem Namen bittet, werde ich tun, damit der Vater im Sohn verherrlicht wird.»**

Siebter Tag (Joh 15, 5-11): **«Mein Vater wird dadurch verherrlicht, daß ihr reiche Frucht bringt und meine Jünger werdet. Wie mich der Vater geliebt hat, so habe auch ich euch geliebt. Bleibt in meiner Liebe! Wenn ihr meine Gebote haltet, werdet ihr in meiner Liebe bleiben, so wie ich die Gebote meines Vaters gehalten habe und in seiner Liebe bleibe. Dies habe ich euch gesagt, damit meine Freude in euch ist und damit eure Freude vollkommen wird.»**

Achter Tag (Joh 15, 15-16): **«Ich nenne euch nicht mehr Knechte, denn der Knecht weiß nicht, was sein Herr tut. Vielmehr habe ich euch Freunde genannt; denn ich habe euch alles mitgeteilt, was ich von meinem Vater gehört habe. Nicht ihr habt mich erwählt, sondern ich habe euch erwählt.»**

Neunter Tag (Joh 15, 1-2): **«Ich bin der wahre Weinstock, und mein Vater ist der Winzer. Jede Rebe an mir, die keine Frucht bringt, schneidet Er ab, und jede Rebe, die Frucht bringt, reinigt Er, damit sie mehr Frucht bringt.»**

(Joh 14, 23): **«Wenn jemand mich liebt, wird er an meinem Wort festhalten; mein Vater wird ihn lieben, und wir werden zu ihm kommen und bei ihm Wohnung nehmen.»**

Novene zum Osterfest

Erster Tag: Wie schafft ihr es nur, nicht glücklich zu sein? Jesus schenkt sich euch. Ich möchte die Seelen mit Freude überschütten. Wenn ich heute abend traurig bin, dann nur deshalb, weil viele sich nicht auf Ostern vorbereiten. Sie erlauben Jesus nicht, sich an diesem Tag mit ihrer Seele zu vereinigen.

Zweiter Tag: Ich wünsche, daß in dieser Zeit das Volk mit mir betet. Es soll immer noch mehr beten. Fastet streng mittwochs und freitags. Betet täglich, wann es euch möglich ist, den ganzen Rosenkranz, das heißt die freudenreichen, schmerzhaften und glorreichen Geheimnisse.

Dritter Tag: Betet und fastet! Liebt jeden Menschen auf der Erde wie euch selbst.

Betet und fastet! Ich möchte immer bei euch sein. Ich möchte immer in euren Herzen bleiben und möchte, daß auch ihr in meinem Herzen bleibt.

Vierter Tag: Ich bin gekommen, um der Welt zu sagen: Gott ist Wahrheit. Er existiert. In Ihm ist das wahre Glück und die Fülle des Lebens. Ich bin als Königin des Friedens hierher gekommen, um der Welt zu sagen, daß der Frieden notwendig ist zu ihrem Heil. In Gott findet sich die wahre Freude. Aus ihr entspringt der wahre Friede.

Fünfter Tag: Betet und fastet! Ich wünsche von euch die Demut. Ihr könnt jedoch nicht demütig werden ohne Beten und Fasten.

Sechster Tag (Lk 22, 15): «Ich habe mich sehr danach gesehnt, vor meinem Leiden dieses Paschamahl mit euch zu essen. Denn ich sage euch: Ich werde es nicht mehr essen, bis das Mahl seine Erfüllung findet im Reich Gottes.»

Ihr feiert die Eucharistie nicht so, wie ihr solltet. Wenn ihr wüßtet, welche Gnade und welches Geschenk ihr erhaltet, so würdet ihr euch jeden Tag mindestens eine Stunde lang darauf vorbereiten! Die Messe stellt die höchste Form des Gebets dar. Während der Messe müßt ihr demütig und voll Ehrfurcht sein. Kommt zur Messe, diese Zeit ist ein Geschenk an euch.

Siebter Tag: Ihr müßt voller Freude sein. Heute ist Jesus für euer Heil gestorben. Er ist zur Hölle hinabgestiegen und hat die Tore des Paradieses geöffnet. In euren Herzen soll die Freude herrschen. (Joh 19, 33-34): **«Als sie aberzu Jesus kamen und sahen, daß er schon tot war, zerschlugen sie ihm die Beine nicht, sondern einer der Soldaten stieß mit der Lanze in**

seine Seite und sogleich floß Blut und Wasser heraus.»

Achter Tag (Mk 15, 43-46): «**Josef von Arimathäa, ein vornehmer Ratsherr, der auch auf das Reich Gottes wartete, ging zu Pilatus und wagte es, um den Leichnam Jesu zu bitten. Pilatus war überrascht, als er hörte, daß Jesus schon tot sei. Er ließ den Hauptmann kommen und fragte ihn, ob Jesus bereits gestorben sei. Als der Hauptmann ihm das bestätigte, überließ er Josef den Leichnam. Josef kaufte ein Leinentuch, nahm Jesus vom Kreuz, wikkelte ihn in das Tuch und legte ihn in ein Grab, das in einen Felsen gehauen war. Dann wälzte er einen Stein vor den Eingang des Grabes.»**

Neunter Tag: Im Himmel freuen wir uns alle. Freut euch mit uns! Hebt die Hände, sehnt euch nach Jesus, denn in seiner Auferstehung will er euch mit Gnaden überschütten. Begeistert euch an der Auferstehung. Im Himmel sind wir alle im Glück, aber wir brauchen die Freude eurer Herzen.

Novene zum Pfingstfest

Erster Tag: Liebe Kinder! Heute abend möchte ich euch bitten, daß ihr während der Novene um die Ausgießung des Heiligen Geistes auf eure Familien und auf eure Pfarrei noch mehr betet. Betet, ihr werdet es nicht bereuen! Gott will euch Gaben geben, mit denen ihr Ihn bis ans Ende eures irdischen Lebens preisen werdet.

Zweiter Tag: Es mögen so viele Personen wie nur möglich während der Novene zum Heiligen Geist beten und fasten, damit er sich auf die Kirche ausgieße.

Ich rufe euch zu einer Liebe auf, die sich Gott unterordnet und die Ihm gefällt. Meine Kinder, die Liebe nimmt um Jesu willen, der die Liebe ist, alles an, auch das Bittere.

Dritter Tag: Wichtig ist, zum Heiligen Geist zu beten, daß er auf euch herabkommt. Wenn man ihn hat, hat man alles.

Fangt damit an, jeden Tag den Heiligen Geist anzurufen. Das wichtigste ist, zum Heiligen Geist zu beten. Wenn der Heilige Geist auf die Erde herabkommt, dann wird alles hell, und alles verändert sich.

Vierter Tag: Gott will nicht, daß ihr unruhig und unzufrieden seid, sondern daß ihr euch vollkommen Ihm überlaßt. Ihr wißt, daß ich euch liebe und daß mich die Liebe zu euch verzehrt. Deshalb, liebe Kinder, entscheidet auch ihr euch für die Liebe; die Liebe soll in euch überwiegen, nicht eine menschliche Liebe, sondern eine göttliche Liebe.

Vor der Messe muß man zum Heiligen Geist beten.

Fünfter Tag: Ihr wißt nicht, wie viele Gnaden der Herr für euch bereithält. In diesen Tagen, in denen der Heilige Geist auf besondere Weise wirkt, wollt ihr euch nicht auf den Weg machen. Eure Herzen sind den irdischen Gütern zugewandt, die euch ganz in Beschlag nehmen. Wendet eure Herzen dem Gebet zu und bittet sehnsüchtig um die Ausgießung des Heiligen Geistes, denn in diesen Tagen, in denen Satan am Werk ist, zieht euch Gott an sich.

Sechster Tag: Öffnet eure Herzen dem Heiligen Geist. Besonders in diesen Tagen wirkt der Heilige Geist durch euch. Öffnet eure Herzen und übergebt eure Leben Jesus, damit er in euren Herzen wirken und euch im Glauben festigen kann.

Bittet Gott, daß Er euch zu Hilfe kommt, aber nicht so, wie ihr es wünscht, sondern wie es seiner Liebe entspricht.

Siebter Tag: Das wichtigste im geistigen Leben ist die Bitte um die Gabe des Heiligen Geistes. Wenn der Heilige Geist kommt, zieht der Frieden ein. Wenn dies geschieht, verändert sich alles um euch herum.

Liebt! Wenn ihr nicht liebt, könnt ihr nicht Zeugnis geben, könnt ihr weder für mich noch für Jesus Zeugnis ablegen.

Achter Tag: Betet morgen um den Geist der Wahrheit (...). Denn ihr braucht unbedingt den Geist der Wahrheit, damit ihr die Botschaften so weitergeben könnt, wie ich sie euch gebe, ohne daß ihr etwas hinzufügt oder etwas weglaßt. Betet, daß euch der Heilige Geist mit dem Geist des Gebets erfülle.

Liebe Kinder, betet, daß auf der ganzen Welt das Reich der Liebe kommt. Wie glücklich wären die Menschen, wenn die Liebe auf der Erde regieren würde!

Preist Gott, meine kleinen Kinder, mit einem Lied des Lobes und der Liebe, damit die Liebe Gottes Tag für Tag in euch wachsen kann bis zu ihrer Fülle.

Neunter Tag (Joh 16, 13-15): **«Wenn aber jener kommt, der Geist der Wahrheit, wird er euch in die ganze Wahrheit führen. Denn er wird nicht aus sich selbst heraus reden, sondern er wird sagen, was er hört, und euch verkünden, was kommen wird. Er wird mich verherrlichen; denn er wird von dem, was mein ist, nehmen und es euch verkünden. Alles, was der Vater hat, ist mein; darum habe ich gesagt: Er nimmt von dem, was mein ist, und wird es euch verkünden.» (Joh 14, 26): «Der Beistand aber, der Heilige Geist, den der Vater in meinem Namen senden**

wird, der wird euch alles lehren und euch an alles erinnern, was ich euch gesagt habe.»

* * *

Ehre sei dem Vater und dem Sohn
und dem Heiligen Geist wie im Anfang,
so auch jetzt und allezeit und in Ewigkeit
Amen.